木原誠太郎

47都道府県格差

GS
幻冬舎新書
474

はじめに

中央省庁や関係機関が政策立案のために実施する全国調査は数多く存在し、毎年のように行われています。

本書は、それらのなかで「健康」「教育」「結婚」「仕事」「お金」「くらし」に関する31の調査結果をピックアップし、都道府県ランキングを作成しました。都道府県ごとの〝差〟に着目しながら、その背景を探っていきます。

ただ、それぞれのランキングは、あくまで定量的な結果にすぎず、各都道府県で暮らしていたり、その土地を出身地としたりしている人たちのリアルな姿は浮かんではきません。

そこで、各ランキングで上位や下位に入った各都道府県の県民性がどんなものなのか、分析を加えていきます。

私は心理学と統計学を基に、性格診断ツール「ディグラム」を開発しました。

ディグラムのベースとなっているのは、性格分析のための心理テスト「エゴグラム(Egogram)」です。

エゴグラムは、20世紀以降の心理学に大きな影響を与えたフロイトの理論を基に、人間の持つ性格要素を「CP（父のような厳しさ）」「NP（母のような優しさ）」「A（大人のもつ合理性）」「FC（子どものような元気さ）」「AC（子どものような従順さ）」の五つに分類しています。

このエゴグラムの性格要素に、私たちが行ってきた仕事や人間関係、お金、結婚生活、恋愛、消費生活などに関する全国調査、また、アンファー株式会社と共同で行った性格や行動に関する全国調査から得た37万人を超えるデータを加えて生み出したのが、ディグラムです。

本書では、各都道府県の県民性について、これらの全国調査「ディグラム・ケンミン調査」の結果を土台に分析を行っていきます。

結局、どこの都道府県に住むのが幸せなのでしょうか？　自分の故郷は全国的にはどんな位置づけなのでしょうか？　〃格差〃は指摘され続けていますが、本当に存在するものなのでしょうか？

職場やプライベートで行われるそんな会話に、本書が示す定量的な結果と各都道府県の県民性を役立ててくだされば幸いです。

47都道府県格差／目次

DTP 美創

第一章 健康

平均寿命、男女ともトップ長野、ワースト青森

厚生労働省は２０１５年３月、１年以内に死亡する確率や平均何年生きられるかという期待値を指標として示す「完全生命表」を公表しました。それによれば日本人の平均寿命は15年の時点で男性80・７５歳、女性86・９９歳。10年からそれぞれ１・２０歳、０・６９歳延びて、過去最高を記録しています。15年の時点での平均寿命の都道府県ランキングが表１、表２です。

男女ともにトップが長野（男性80・８８歳、女性87・１８歳）で、最下位は青森（男性77・２８歳、女性85・３４歳）。男性３・６歳、女性で１・８４歳の開きがあります。05年の調査ではトップは男性が長野、女性では沖縄、最下位が男女とも青森でしたが、その差は男性３・５７歳、女性２・０８歳です。わずかですが、平均寿命の都道府県ごとの差は男性が拡大、女性が縮小しています。

長野以外の上位は、熊本（男性80・２９歳、女性86・９８歳）、福井（男性80・４７歳、女性86・９４歳）、滋賀（男性80・５８歳、女性86・６９歳）。下位には青森のほか

表1 男性平均寿命(2015年)

順位	都道府県	平均寿命
1	長野	80.88
2	滋賀	80.58
3	福井	80.47
4	熊本	80.29
5	神奈川	80.25
6	京都	80.21
7	奈良	80.14
8	大分	80.06
9	山形	79.97
10	静岡	79.95
11	岐阜	79.92
12	広島	79.91
13	千葉	79.88
14	東京	79.82
15	岡山	79.77
16	香川	79.73
17	富山	79.71
	石川	79.71
	愛知	79.71
20	宮崎	79.70
21	三重	79.68
22	宮城	79.65
23	埼玉	79.62
24	兵庫	79.59
25	山梨	79.54
26	島根	79.51
27	新潟	79.47
28	徳島	79.44
29	群馬	79.40
	沖縄	79.40
31	福岡	79.30
32	佐賀	79.28
33	鹿児島	79.21
34	北海道	79.17
35	愛媛	79.13
36	茨城	79.09
37	和歌山	79.07
38	栃木	79.06
39	山口	79.03
40	鳥取	79.01
41	大阪	78.99
42	高知	78.91
43	長崎	78.88
44	福島	78.84
45	岩手	78.53
46	秋田	78.22
47	青森	77.28

(単位:年)
出典:厚生労働省·完全生命表

表2　女性平均寿命（2015年）

順位	都道府県	平均寿命
1	長野	87.18
2	島根	87.07
3	沖縄	87.02
4	熊本	86.98
5	新潟	86.96
6	福井	86.94
	広島	86.94
8	岡山	86.93
9	大分	86.91
10	富山	86.75
	石川	86.75
12	滋賀	86.69
13	山梨	86.65
	京都	86.65
15	神奈川	86.63
16	宮崎	86.61
17	奈良	86.60
18	佐賀	86.58
19	愛媛	86.54
20	福岡	86.48
21	高知	86.47
22	宮城	86.39
	東京	86.39
24	香川	86.34
25	北海道	86.30
	長崎	86.30
27	山形	86.28
	鹿児島	86.28
29	岐阜	86.26
30	三重	86.25
31	静岡	86.22
	愛知	86.22
33	徳島	86.21
34	千葉	86.20
35	兵庫	86.14
36	鳥取	86.08
37	山口	86.07
38	福島	86.05
39	秋田	85.93
	大阪	85.93
41	群馬	85.91
42	埼玉	85.88
43	岩手	85.86
44	茨城	85.83
45	和歌山	85.69
46	栃木	85.66
47	青森	85.34

（単位：年）

出典：厚生労働省・完全生命表

に岩手（男性78・53歳、女性85・86歳）、秋田（男性78・22歳、女性85・93歳）、福島（男性78・84歳、女性86・05歳）といった東北勢が並んでいます。

近年、〝長寿県〟で知られている長野は、1967年に食生活に関する実態調査を実施して、県民の高血圧予防を重視してきました。以降も、若者の食生活や成人の運動、喫煙、糖尿病、メタボリックシンドロームなどの実態を把握したうえで、改善に取り組んできています。

青森は働き盛りの40、50代が多く亡くなっていることが平均寿命を押し下げているようです。特にがんの死亡率が高くなっており、喫煙率、飲酒率、肥満者率なども他県と比べて高い数値を残しています。

保守的な長野県民は日本一外食をしない

ディグラム・ケンミン調査によれば、長野は節度のある食事を心掛けている男性、お酒はあまり飲まない女性がいずれも7割を超えていて、全国平均より高くなっていました。「家でご飯を食べるほうが好き」という割合は75・9％に達して全国トップです。そもそもの県民性や環境か、あるいは行政の取り組みの成果か、いずれにしても食生活が平均寿命の高さに貢献しているのかもしれません。

保守的で派手なことを嫌うのが長野県民です。「好奇心が旺盛なほうだ」と答える県民は47・1％で全国平均よりもずっと低く、「陽気にふるまうほうだ」という男性は3割を切って平均を10ポイント以上も下回っていました。

男女とも倹約家タイプが少なくありません。住宅は比較的安定した価値を維持できる一戸建て派です。買い物では、日用品をまとめ買いし、大きなものは慎重に購入しています。ユニクロやGAPなどのファストファッションを好み、「ポイントカードを貯め続ける」という女性は66・3％もいて、この比率では日本一になっています。

洋食好む熊本県民。男性は野心を隠している

長野と同様に平均寿命が長い熊本も食生活には特徴があります。県民の47・6％が「和食よりも洋食が好き」で、全国平均を大きく上回っていました。特に男性は

55・1％が〝洋食派〟です。また魚よりも肉を好む男性は68・5％に上り、この比率も全国平均より10ポイント以上高くなっています。女性は長野までとはいきませんが、「お酒はあまり飲まない」という人が多く、その比率は68・6％で平均を大きく超えていました。

そんな熊本ですが、「感動して泣くことが多い」という県民は66・1％を占め、全国トップです。「自分の性格は優しい」という男性が77・9％、「困った人を見ると助けてしまう。助けられないと気になる」という女性は52・8％と〝人情家〟である県民の姿が浮かび上がってきました。

ただ、男性のほうにはドライな一面もあります。「腹が立つと恋人の電話でも唐突に切ってしまう」という男性が27・2％いて、全国平均を大きく上回っています。もともと「自分は理系思考である」という県民が多いのですが、特に男性は61・4％が〝理系思考〟。「根拠のないことは信じない、事実に基づいて判断する」という比率も高くなっているのです。

しかも、「出世したい」（59・0％）、「異性に対する興味が強いほうだ」（42・

8％）、「ギャンブルが好き」（36・4％）という割合も軒並み高く、仕事、女性、お金に対する欲望が蠢《うごめ》いています。優しい物腰の陰に肉食系の野心を抱いているのが、熊本の男性です。

気遣いに溢れ、我慢強い青森県民はお酒でストレス解消

平均寿命が最低だった青森は「お酒はよく飲むほうだ」と答えたのが50・8％で日本一です。やはり〝酒好き〟がディグラム・ケンミン調査でも如実にあらわれていました。

熊本と同様に〝人情家〟の一面も青森県民にはあります。「涙もろい」という人は60・8％、「困った人を見ると助けてしまう。助けられないと気になる」という女性は57・3％で全国平均を大きく上回っていました。

そんな青森県民は自分のことよりも他人を優先させる気遣いができて、我慢強さも兼ね備えています。「人に図々しくできない」という県民は64・5％を占め、「辛くても我慢することが多い」という設問には58・1％が「はい」と答えていました。

「プライベートより仕事を重視する」は45・6％で全国平均を大きく上回っていて、社会とのつながりを強く意識してもいます。

また、「自分が優柔不断である」と自覚している人や「買い物は〝慎重買い〟タイプだ」という人は7割を占めます。あらゆる感情を抑え込む傾向が強いのですが、ただ、そのわりにストレスを溜め込みません。「ストレスはすぐに発散するほうである」は5割を占めていました。

自分よりも他人や仕事を優先させようとする青森県民にとって、体も親交も温まるお酒は、潤滑油のひとつになっているのかもしれません。

怒りっぽい岩手県民。モノをよくなくす

平均寿命が男性45位、女性43位だった岩手。「岩手県といえば？」と県民自身が聞かれ、「盛岡冷麺」「わんこそば」「じゃじゃ麺」と真っ先に具体的な食べ物が並ぶのはディグラム・ケンミン調査では岩手だけです。

「お酒はよく飲むほうだ」という県民は男性が56・7％で、全国平均より10ポイン

ト以上も高くなっています。逆に女性は「お酒はあまり飲まない」という人が多く、その比率は78・2%にも上っていました。男女差はサプリメントの服用に関する設問でも出ています。サプリメントを「絶対に服用しない」という男性は14・4%で、「積極的に服用したい。服用していきたい」という女性は23・6%。いずれも平均を大きく上回る割合になっています。

そんな岩手県民ですが、自己評価の低さが気になります。「自分はほかの人間よりも劣っている部分が多い」という人は36・7%と高い数字です。その反動か、周囲には厳しい視線を送りがちです。「相手に共感するほうだ」という人は36・3%にとどまり全国平均よりもずっと低く、さらに「自分は怒りっぽい性格だ」は53・7%で、平均を大きく上回っていました。

周囲を気にしすぎて、自分の足元がよく見えなくなっている面はあるのかもしれません。「モノをよくなくす」という県民は45・3%を占め、平均より10ポイント以上も高くなっていました。

山梨は男女とも元気に長生き

世界保健機関（ＷＨＯ）が２０００年、「健康寿命」という概念を提唱しました。「健康上の問題がない状態で日常生活を送れる期間」のことで、寝たきりなど、介護や療養が必要な「自立した生活ができない期間」は含まれません。平均寿命と健康寿命の差が広がると、介護費や介護給付費が増大することが懸念されています。

厚生労働省によれば、13年の健康寿命の全国平均は男性71・１９歳、女性74・２１歳。この年の平均寿命は男性80・２１歳、女性86・６１歳で、「自立した生活ができない期間」は男性９・０２年、女性12・４年となっています。

男女別の健康寿命の都道府県ランキングが表3、表4です。男女ともトップは山梨（男性72・５２歳、女性75・７８歳）。ほか静岡（男性72・１３歳、女性75・６１歳）、宮崎（男性71・７５歳、女性75・３７歳）、福井（男性71・９７歳、女性75・０９歳）などが上位にランクされています。逆に大阪（男性70・４６歳、女性72・４９歳）、京都（男性70・２１歳、女性73・１１歳）、徳島（男性69・８５歳、女性73・４４歳）などは健康寿命が短くなっています。

表3　男性健康寿命（2013年）

順位	都道府県	平均寿命
1	山梨	72.52
2	沖縄	72.14
3	静岡	72.13
4	石川	72.02
5	宮城	71.99
6	福井	71.97
7	千葉	71.80
8	熊本	71.75
	宮崎	71.75
10	三重	71.68
11	茨城	71.66
12	愛知	71.65
13	群馬	71.64
14	鹿児島	71.58
15	神奈川	71.57
16	大分	71.56
17	新潟	71.47
18	長野	71.45
19	岐阜	71.44
20	和歌山	71.43
21	埼玉	71.39
22	山形	71.34
23	栃木	71.17
24	佐賀	71.15
25	北海道	71.11
26	岡山	71.10
27	山口	71.09
28	奈良	71.04
29	長崎	71.03
30	島根	70.97
31	富山	70.95
	滋賀	70.95
33	広島	70.93
34	鳥取	70.87
35	福岡	70.85
36	愛媛	70.77
37	東京	70.76
38	香川	70.72
39	秋田	70.71
40	岩手	70.68
41	福島	70.67
42	兵庫	70.62
43	大阪	70.46
44	青森	70.29
45	京都	70.21
46	高知	69.99
47	徳島	69.85

（単位：年）

出典：厚生労働科学研究費補助金　健康日本21の推進に関する研究

表4　女性健康寿命（2013年）

順位	都道府県	平均寿命
1	山梨	75.78
2	静岡	75.61
3	秋田	75.43
4	宮崎	75.37
5	群馬	75.27
6	茨城	75.26
7	山口	75.23
8	三重	75.13
9	福井	75.09
10	大分	75.01
11	栃木	74.83
	岐阜	74.83
13	新潟	74.79
14	富山	74.76
15	神奈川	74.75
16	長野	74.73
17	石川	74.66
18	愛知	74.65
19	青森	74.64
20	千葉	74.59
21	奈良	74.53
22	鹿児島	74.52
23	鳥取	74.48
24	岩手	74.46
25	熊本	74.40
26	北海道	74.39
27	沖縄	74.34
28	和歌山	74.33
29	高知	74.31
30	山形	74.27
31	宮城	74.25
32	佐賀	74.19
33	福岡	74.15
34	埼玉	74.12
35	福島	73.96
36	岡山	73.83
	愛媛	73.83
38	島根	73.80
39	滋賀	73.75
40	香川	73.62
	長崎	73.62
42	東京	73.59
43	徳島	73.44
44	兵庫	73.37
45	京都	73.11
46	広島	72.84
47	大阪	72.49

（単位：年）

出典：厚生労働科学研究費補助金　健康日本21の推進に関する研究

平均寿命がトップだった長野は健康寿命が男性18位、女性16位で、最下位だった青森は男性こそ44位と下位だったものの、女性は19位で全国平均を上回っていました。

なぜ山梨がトップなのか。山梨県は「がん検診や特定健康診査の受診率が高く、県民の健康意識の高まりも一因」「60歳以上の有業割合が全国2位と高く、元気に働き続けている高齢者が多い」などと分析しています。

山梨県民は嘘をついて取り繕うことがある!?

ディグラム・ケンミン調査の山梨県民の健康に関する項目をチェックしていくと、平均寿命トップの長野同様、お酒はあまり飲まない女性が全国平均よりも高くなっています。

また山梨の女性は今後のサプリメント服用意向について「服用したい」と回答した割合が全国平均を大きく上回っています。ただ、長野は食生活の重視が平均寿命トップに貢献していると推測できましたが、山梨は「朝食を抜く」という割合が全国平均よりも高くなっているのです。

この点に関連性はないのかもしれませんが、ディグラム・ケンミン調査にはおもしろい結果も出ています。山梨県民は「嘘をついて取り繕うことがある」という割合が全国平均（22・5％）を大きく上回る29・0％で、全国トップだったのです。

そもそも健康寿命は日常生活を制限なくすごせているかに関して、主観的な回答を土台にして算出されています。山梨県民の一部が健康調査の設問に対して取り繕って答えていたら――。これはあまりに穿《うが》った見方なのかもしれませんが。

ディグラム・ケンミン調査から見えたのは、アグレッシブで骨太な気骨を持つ山梨県民。コミュニケーションが上手く、相手の行動を素早く予測して動く頭の良さも持っています。「目標を達成しなければならない」「問題が起きても、冷静に対応できる自信がある」という男性は約4割いて、女性では「人の世話をしたがる」「人をよく誉める」という設問で「はい」と答える人が目立って多いです。

「自分はほかの人より劣っている部分が多い」という設問に「いいえ」という回答をした県民は27・7％。全国平均より5ポイント以上高くなっています。岩手県民とは反対に自己評価が高いのです。「嘘をついて取り繕うことがある」というのなら、状況を上手くかわすために、タヌキ寝入りもでっち上げもやりこなすことができるのでしょう。それは場を上手く乗り切る危機回避能力の高さでもあるかもしれません。

日本人離れした静岡県民の食の嗜好

山梨に隣接する静岡も健康寿命は長くなっています。食の傾向では、少しだけ日本人離れしているようです。「しょうゆよりソースが好き」という人が27・0％いて、全国トップです。ケチャップも好きです。加えて、兵庫県に次いで全国で二番目にご飯よりパンが好きで、特に女性では32・9％がそう答えています。

一般的に関東は〝濃い味〟好み、関西は〝薄味〟好みと言われていますが、両地域に挟まれている静岡では、この点でも男女差がありました。「濃い味が好き」というのは男性が55・6％、逆に女性の67・2％が「薄い味が好き」。いずれの比率も全国平均を大きく超えています。ほかに男性は家でご飯を食べるのが好きな人が多く、女性は外で食べるのが好きという男女差も見られました。

そんな食の嗜好を持つ静岡県民ですが、性格的に明るく開放的で、優しい点が浮き彫りになっています。「好奇心が旺盛なほうだ」という県民は6割弱に上ります。目的やポイントをはっきりと絞った気遣いができる人たちです。

また、郷土愛も強いです。特に男性は92・1％が「故郷が好き」で、全国トップの比率でした。

動物的な勘の鋭さと冷静さ併せ持つ徳島県民

一方で、男性の健康寿命が一番短い徳島。しかし、ディグラム・ケンミン調査では、皮肉にも県民の健康志向があらわになっています。「朝食は食べる派である」という割合は84・7％で全国トップだったのです。また、「お酒はあまり飲まない」のは67・7％、全国で六番目に高くなっていました。

そんな徳島県民ですが、おもしろいデータもあります。「街にある大きな看板広告を見てしまう」という人は64・9％と突出しています。全国平均（56・9％）を大きく上回っての1位なのです。目立つもの、ちょっと異質なものを察知するのが早いのでしょう。動物的な勘の良さが想起され、阿波踊りに代表される躍動的なイメージとも結びつくのですが、実は徳島県民の特に男性は理性的な一面を持ち合わせています。

「根拠のないことは信じない。事実に基づいて判断する」「数字やデータを集めて、話をする」という比率が高いのです。地理的な面から〝陽気さ〟を県民にイメージしてしまいがちですが、それも逆でした。「陽気にふるまうほうだ」というのは37・4％で全国平均より5ポイント以上低かったのです。

健康寿命のランキングやなんとなく抱いている印象とは正反対の結果がディグラム・ケンミン調査では見られました。

自殺死亡率ワースト秋田、改善急ぐ

厚生労働省によれば、2016年の自殺者数は全国で2万1897人。15年より2128人（8・9％）少なく、減少率は過去最大でした。男性は7年連続の減少で、22年ぶりに2万2000人を下回っています。

女性は5年連続の減少で6776人と初めて7000人を割り込みました。1978年の統計開始以来、最少となっています。男性は7年連続減の1万5121人。16年4月には地方自治体に自殺対策計画の策定を義務付ける改正自殺対策基本法が施行されています。

人口10万人あたりの自殺者数を算出し、少ない順に並べた「自殺者数」のランキングが表5です。神奈川（13・3人）、大阪（14・0人）、鳥取（14・2人）、奈良（14・3人）、山口（15・4人）が低く、秋田（25・2人）、岩手（25・0人）、和歌山（23・8人）、新潟（23・5人）、山梨（22・6人）が高くなっています。

秋田は自殺者数がピークだった03年と比較すると減ってきています。特にここ6年間は連続で減少しています。全県的なキャンペーンを実施して情報提供に努めたり、相談体制も充実させてきました。うつ病の早期発見や適切な治療体制を整え、予防事業も推進中です。

表5　人口10万人あたりの自殺者数(2016年)

順位	都道府県	自殺者数
1	神奈川	13.3
2	大阪	14.0
3	鳥取	14.2
4	奈良	14.3
5	山口	15.4
6	京都	15.5
7	愛知	15.7
8	広島	15.9
9	石川	16.1
10	茨城	16.2
11	三重	16.3
	岡山	16.3
13	東京	16.5
14	千葉	16.6
15	兵庫	16.8
16	香川	17.0
	福岡	17.0
18	埼玉	17.1
19	長崎	17.3
	大分	17.3
21	佐賀	17.4
	鹿児島	17.4
23	沖縄	17.7
24	岐阜	17.8
	滋賀	17.8
26	静岡	18.1
27	徳島	18.3
28	長野	18.4
29	福井	18.5
30	北海道	18.6
	熊本	18.6
32	愛媛	18.9
33	宮城	19.1
	栃木	19.1
	富山	19.1
	島根	19.1
37	福島	19.3
38	宮崎	19.5
39	高知	19.6
40	山形	20.4
41	青森	20.8
	群馬	20.8
43	山梨	22.6
44	新潟	23.5
45	和歌山	23.8
46	岩手	25.0
47	秋田	25.2

(単位：人)

出典：厚生労働省・警察庁・平成28年中における自殺の状況

自分の意見は通さない、辛くても我慢する秋田県民

その秋田の県民性はどんなものなのでしょうか。もちろん、自殺死亡率とはまったく無関係であるという大前提で紹介します。

秋田県民は「プライベートより仕事を重視する」という割合が51・0％で、全国平均37・8％を大きく上回り、1位です。

特に男性は55・4％で全国平均より15ポイント以上高いです。加えて、男性は「仕事はスキルだ」という割合、女性は「仕事はプロセスだ」という割合が全国平均よりも高くなっています。

力強い勤労意欲です。社会性の高さとも言えるデータですが、そうであるが故、自分よりも相手を優先させる姿勢が目立ちます。「自分の意見は無理に通さない」「辛くても我慢することが多い」という県民の割合は5割を超えており、全国平均を大きく上回っています。人間関係においてもビジネスライクになりやすく、コミュニケーションの不器用さも窺《うかが》えます。「人前では〝自分らしさ〟が表現されていない」「人前で大笑いしたり、泣いたりできない」という男性や、「思っていること

が言えない」という女性の割合が大きいのです。

もともと高い理想を持っているだけに、家に帰ればもっぱら1人反省会。疲れをいやすヒマもなく、仕事漬けの日々を送ります。だから、恋愛や結婚に積極的になれないのはもちろん、他人の幸せなんて地に足着いていないおとぎ話に聞こえてしまうのです。そんなことにうつつを抜かすヒマがあったら仕事をしたいというのが、ディグラム・ケンミン調査から見えた秋田県民でした。

慎ましい鳥取県民にとって他人の不幸は蜜の味

一方で自殺死亡率が三番目に低い鳥取。秋田の女性で多かった「思っていることが言えない」という割合が、鳥取県民全体で45・6%を占め、全国トップでした。自分自身の思いを口にできない以外にも、「自分の意見を無理に通さない」「ついつい言いすぎて後悔することがある」という県民は5割を超えて、全国平均を大きく上回っています。仮に自身の考えを口外したとしても、その中身について自責の念に駆られる人が少なくないのです。そのためなのか、「自分は優柔不断である」

っています。

「自分の性格は子供」という人は7割を超えて、平均よりも10ポイント以上高くなっています。

とても控え目で慎ましく、内省的な性格ですが、そのぶんだけ、ストレスや怒りを溜め込む傾向も出ています。「ストレスは溜め込むほうである」という県民が64・2％、「自分は怒りっぽい性格だ」が51・4％を占めているのです。そのストレス、怒りは食生活や金銭感覚に影響を与えているのかもしれません。「自分は暴飲暴食である」という県民は45・3％いて、全国平均を大きく上回っています。男性では「ギャンブルが好き」が37・7％、「資産運用するなら、株やFXなどの投資をする」が32・7％といずれも平均よりずっと高い比率です。

さらに特徴的な結果も出ています。「人の不幸話を聞くほうが好き」という県民は31・3％で全国トップなのでした。ストレスや怒りを溜め込みがちなくらしのなかで、他人の噂話《うわさばなし》によってちょっとずつガス抜きする鳥取県民の姿が浮かび上がってきます。

医師数、病床数ともトップは高知

全国の病院、診療所の分布や整備の実態、診療機能などを把握する目的から、厚生労働省は「医療施設調査」を実施しています。医師が大都市部に集中し、地方の医師不足がひとつの問題ともなっていますが、人口10万人あたりの医師数の都道府県ランキングが表6です。

2015年のトップの4県は高知（246・1人）、徳島（224・2人）、石川（218・0人）、岡山（211・5人）。以下、京都（210・9人）、福岡（210・1人）、東京（208・5人）が続き、都市部も上位にランキングされています。ただ同じ都市部でも埼玉（118・8人）、千葉（138・0人）、愛知（141・2人）などは下位にとどまります。最下位の埼玉はトップの高知の二分の一以下の数です。

ここで、人口10万人あたりの病床数のランキング、表7も見てみます。ここでもトップは高知で2522・4床。以下、鹿児島（2069・6床）、熊本（1969・2床）、徳島（1964・7床）が続きます。一方、下位には神奈川（810・5床）、埼玉（853・8床）、愛知（905・8床）、千葉（943・3床）、東京（948・3床）

表6 人口10万人あたりの医師数(2015年)

順位	都道府県	医師数	順位	都道府県	医師数
1	高知	246.1	24	兵庫	169.9
2	徳島	224.2	25	宮崎	169.1
3	石川	218.0	26	山梨	167.4
4	岡山	211.5	27	山口	167.1
5	京都	210.9	28	秋田	164.3
6	福岡	210.1	29	広島	163.0
7	東京	208.5	30	栃木	162.1
8	佐賀	206.4	31	滋賀	160.9
9	長崎	205.2	32	長野	160.4
10	鳥取	201.8	33	群馬	155.9
11	熊本	199.2	34	岩手	153.5
12	大分	197.5	35	山形	152.4
13	鹿児島	192.9	36	神奈川	144.1
14	香川	192.7	37	宮城	142.3
15	和歌山	192.0	38	三重	141.3
16	大阪	190.0	39	愛知	141.2
17	島根	188.9	40	青森	139.1
18	沖縄	185.6	41	千葉	138.0
19	福井	183.7	42	岐阜	136.6
20	北海道	180.5	43	茨城	135.8
21	富山	180.3	44	福島	135.5
22	奈良	180.0	45	静岡	135.1
23	愛媛	176.4	46	新潟	134.0
			47	埼玉	118.8

(単位:人)
出典:厚生労働省・医療施設調査

表7　人口10万人あたりの病床数（2015年）

順位	都道府県	病床数
1	高知	2522.4
2	鹿児島	2069.6
3	熊本	1969.2
4	徳島	1964.7
5	長崎	1931.4
6	山口	1926.4
7	佐賀	1808.8
8	北海道	1779.1
9	宮崎	1739.7
10	大分	1713.1
11	福岡	1685.3
12	愛媛	1620.4
13	石川	1593.7
14	富山	1582.5
15	島根	1551.8
16	香川	1546.5
17	鳥取	1518.2
18	岡山	1499.5
19	秋田	1486.7
20	広島	1420.3
21	和歌山	1417.2
22	福井	1410.5
23	京都	1377.3
24	岩手	1367.3
25	青森	1345.8
26	福島	1335.9
27	沖縄	1318.5
28	山形	1316.4
29	山梨	1303.3
30	新潟	1249.6
31	群馬	1249.1
32	奈良	1244.1
33	大阪	1219.9
34	兵庫	1173.3
35	長野	1149.0
36	三重	1128.3
37	茨城	1095.5
38	栃木	1088.9
39	宮城	1080.9
40	静岡	1046.2
41	滋賀	1026.2
42	岐阜	1024.6
43	東京	948.3
44	千葉	943.3
45	愛知	905.8
46	埼玉	853.8
47	神奈川	810.5

（単位：床）
出典：厚生労働省・医療施設調査

など都市部が並んでいます。最下位の神奈川はトップの高知と比べて、三分の一以下の病床数にとどまっています。

医師数と病床数を合わせると、両方トップの高知以外にも、徳島（医師数2位、病床数4位）、佐賀（医師数8位、病床数7位）、鹿児島（医師数13位、病床数2位）などが上位にきています。

高知では県に専門の部門を設けて、医師を含めた医療従事者全体の人材確保を進めており、そのための研修や助成制度が整備されています。医師だけでなく人口10万人あたりの看護師数も全国1位です。

また、病床数の多さについては、高知市への人口集中によって中山間地域の過疎化、高齢化、核家族化が進行したことで家族の介護力が不足した結果、入院のニーズが増加したことや、公的病院の病床数が元来少なく医療法人による病院開設が進みやすかったという事情もあるようです。

人との境界線が明確な高知県民。7割が「結婚して幸せ」

そんな高知の県民性はいったいどうなのでしょうか。ディグラム・ケンミン調査で見えたのは、自分自身に対しては厳しいものの、他人の行動は気に留めず、自他の距離の置き方については境界線をはっきりさせるという特徴でした。「目標は達成しなければならない」という高知県民は41・6％を占めて全国平均を大きく上回り、「無責任な人間とは付き合いたくない」が82・7％と、こちらも平均よりも高くなっています。

一方、「他人に頼まれると、断れない」「困った人を見ると助けてしまう。助けられないと気になる」「相手と共感するほうだ」「相手の期待に応えようとする」といった比率は全国平均を大きく下回っています。

物事の良し悪しの判断基準はあくまで自分が持っていて、思考のベクトルは自身に向かう傾向があるのです。

そんななかで目立ったのは「結婚して幸せだと思うことが多い」という人の割合です。67・7％で、この項目では全国1位でした。

人の言動に左右されない傾向があるためか、高知の男女はどちらもストレスを溜め込む人が少ないようです。優しくて一本気な男性はこの人と決めた相手への気持ちを内側に募らせて長持ちさせます。一方で激しく厳しい気性を持つ女性は、好きな人にはストレートな感情をぶつけ、お互いに束縛し合う関係を望みます。性質の異なる引力であるものの、強さにおいては同じと言えそうです。

救急時の病院収容時間、東京が唯一の50分超え

救急車を呼ぶと、どのぐらいの時間で病院までたどり着けるのでしょうか。

総務省消防庁が全国の消防活動の実施状況をまとめている「救急救助の現況」の2016年版によれば、15年の救急自動車による救急出動件数は全国で605万4815件。14年より約7万件増えて、過去最多となっているものの、病院収容時間は全国平均39・4分で、前年と変わっていませんでした。15年の収容時間の都道府県ランキングが表8です。

トップは福岡で30・2分、全国平均を10分近く上回っています。ほか富山（30・5

表8　救急時の病院収容時間（2015年）

順位	都道府県	収容時間
1	福岡	30.2
2	富山	30.5
3	福井	31.6
4	沖縄	31.9
5	愛知	32.4
6	岐阜	32.6
	京都	32.6
8	石川	33.1
9	滋賀	33.4
10	香川	34.0
11	愛媛	34.8
12	大分	35.0
13	鳥取	35.6
14	徳島	35.8
15	青森	35.9
16	秋田	36.1
17	大阪	36.2
	島根	36.2
19	和歌山	36.3
20	群馬	36.4
21	兵庫	37.1
22	山口	37.2
	佐賀	37.2
22	鹿児島	37.2
25	北海道	37.5
26	岡山	37.6
27	山形	37.7
	長野	37.7
29	静岡	38.0
	長崎	38.0
	熊本	38.0
32	宮崎	38.1
33	山梨	38.3
34	三重	39.1
	広島	39.1
36	神奈川	39.7
	高知	39.7
38	栃木	40.5
39	茨城	41.7
40	宮城	42.5
41	岩手	43.1
42	福島	43.4
43	新潟	44.0
44	奈良	44.3
45	埼玉	44.4
46	千葉	44.6
47	東京	51.4

（単位：分）
出典：総務省消防庁・救急救助の現況

分）や福井（31・6分）が上位にランクされており、下位には東京（51・4分）、千葉（44・6分）、埼玉（44・4分）など首都圏勢が並んでいます。

福岡県の担当者はトップの理由について正確な分析はできていないと言いながらも、「そもそもの病院数が多いことがあるのかもしれない」と話しています。確かに病床数も11位で上位にランクされています。

16年からは急な病気やけがをした際に専用短縮番号に電話すれば24時間体制で看護師の助言を受けられる「救急医療電話相談事業」を九州では最初に開始しています。救急車の出動回数を抑えて医療関係者の負担を軽減し、緊急性の高い人に救急医療を提供するのが目的ですが、収容時間の短縮につながっているはずです。福岡は医師数でも6位につけており、医療体制の充実ぶりの一端が窺えます。

最下位の東京は唯一50分を超えていて、46位の千葉とも6分以上の差です。ただ、東京はそもそも出動件数自体が76万4335件と突出しており、その数は全国の総件数の12・6％にあたります。

東京都は救急車の適正利用を進めるため、新聞広告やトレインチャンネルといった広報媒体、イベントなどを利用して、現場到着時間の延伸や軽症割合の実態を公表、広報活動を行っていくとしています。必要のなかった救急車の出動を抑えていくことが、収容時間の短縮につながるようです。

大らかな福岡県民、飽きっぽい都民

ディグラム・ケンミン調査で見られたのは、福岡県民の大らかさです。「下の者や子供には厳しくすべきだ」という設問に対して「いいえ」と答えた男性は27・3%、「相手のミスが気になる」という設問に対して「いいえ」と答えた女性は20・4%でいずれも全国平均を大きく上回っていました。

特に女性の情が深かったり、共感度が高かったりするのも特徴かもしれません。「困った人を見ると助けてしまう」「涙もろい」という女性は6割を占めて全国平均に5ポイント以上差をつけていました。「人の話をよく聞くほうだ」「相手に共感するほうだ」という女性も5割を超えて、平均よりずっと高いです。逆に「問題が起きても冷静に対応できる自信がある」という設問に「いいえ」と答えた人は3割もいて全国平均以上でした。

男性には自身を〝理性的〟ととらえている面もあります。「根拠のないことは信じない。事実に基づいて判断する」という男性は6割、「自分は感情的より理性的なほうだ」という人は3割いて、全国平均を大きく上回っていました。

そんな性分からか、自虐的な向きも、福岡の男性には見られます。「これからの自分の人生は暗いと思う」という人が50・9％いて、平均より5ポイント以上高くなっています。また、「自分の人生はムダな努力が多い」という人は35・4％。これも平均を優に上回る比率でした。

一方で首都に住む都民の特徴とはどんなものなのでしょうか。「物事を早くこなすのが得意だ」という割合が全国平均35・7％というなかで、東京は40・4％で1位でした。

また出世願望は3位。「出世したい」という人は52・7％を占め、「目標を達成しなければならない」という男性は41・0％います。「リーダーになることが多い」との回答では5位、特に男性はおよそ2人に1人がなんらかのポジションに、統率力を発揮していることがわかりました。同時に「転職したい」という比率も高く、全国3位になっています。ほかに「流行に敏感である」「自分はアイデアマンのほうだ」という割合も大きいです。

情報が溢れ、人生の選択肢も多く、人とのつながりにも事欠かない都民は、仕事も早いが目標に見切りをつけるのも早いのです。上昇志向が強いと言えますが、飽きっぽさもまた強く感じられます。

第二章　教育

学力ベスト5は小・中とも石川、福井、秋田、富山、愛媛

文部科学省は2017年4月に全国の小学6年生105万1086人、中学3年生113万1433人を対象に学力調査を実施し、その結果を8月末に公表しました。

調査が行われたのは小・中学生とも国語と算数・数学の2教科です。両教科で基礎的・基本的な知識・技能について「身に付いているかどうかをみる問題」をA、「活用することができるかどうかをみる問題」をBと設定。小学生に国語A15問、国語B9問、算数A15問、算数B11問の計50問を、中学生には国語A32問、国語B9問、数学A36問、数学B15問の計92問を出題しました。

調査対象者の9割以上を占める〝公立〟の小・中学生に限った平均正答数が都道府県別に公表されています。国語A、Bと算数・数学A、Bを合計した平均正答数は小学生全体で33・3問、中学生が61・8問。平均正答数を〝学力〟ととらえ、多い順に都道府県を並べたランキングが表9（小学生）と表10（中学生）です。

小学生のトップは石川で平均正答数36・2問。以下、秋田（35・9問）、福井（35・

表9 小学生学力（2017年）

順位	都道府県	平均正答数
1	石川	36.2
2	秋田	35.9
3	福井	35.1
4	富山	34.7
5	愛媛	34.6
6	青森	34.4
7	東京	34.3
	広島	34.3
9	岩手	34.1
10	茨城	34.0
11	新潟	33.9
	京都	33.9
	大分	33.9
14	福島	33.6
	香川	33.6
	高知	33.6
	熊本	33.6
18	福岡	33.5
19	和歌山	33.4
	山口	33.4
21	長野	33.3
	静岡	33.3
	岡山	33.3
21	徳島	33.3
	沖縄	33.3
26	兵庫	33.2
	鳥取	33.2
28	千葉	33.1
	佐賀	33.1
30	栃木	33.0
	鹿児島	33.0
32	群馬	32.9
	神奈川	32.9
	岐阜	32.9
	宮崎	32.9
36	奈良	32.8
37	山形	32.7
	島根	32.7
39	北海道	32.6
	宮城	32.6
	埼玉	32.6
	三重	32.6
43	長崎	32.5
44	山梨	32.4
45	大阪	32.3
46	愛知	32.2
47	滋賀	32.1

（単位：問）
出典：文部科学省・全国学力・学習状況調査

1問）が続きます。中学生は1位が福井で平均正答数は67・6問。2位は石川（65・9問）、3位が秋田（65・8問）。つまり小・中学生どちらも同じ県がトップ3に入りましたが、4、5位も小・中とも富山（小学生34・7問、中学生64・4問）、愛媛（小学生34・6問、中学生63・6問）。トップ5は小・中とも同じ顔ぶれなのです。

一方、下位には小学生では滋賀（32・1問）、愛知（32・2問）、大阪（32・3問）、中学生では沖縄（56・0問）、鹿児島（59・3問）、高知（59・4問）が並んでいます。ワースト3が小・中でまったく異なっており、トップ5の県の学力の高さが逆に際立って見えてきます。

朝ご飯食べて、ゲーム時間短い石川の小・中学生

学力調査と同時に、文部科学省は生活習慣や学習環境についての調査も行っています。小学生の学力で1位、中学生で2位の石川の児童・生徒は、国語、算数・数学の授業の理解度でも、全国平均を軒並み上回っていました。

しっかりとした生活習慣が守られている傾向も、石川は顕著です。例えば、「朝食を

表10　中学生学力(2017年)

順位	都道府県	平均正答数
1	福井	67.6
2	石川	65.9
3	秋田	65.8
4	富山	64.4
5	愛媛	63.6
6	静岡	63.5
7	山口	63.3
8	兵庫	63.2
9	東京	63.1
	岐阜	63.1
11	群馬	63.0
12	愛知	62.8
	徳島	62.8
14	京都	62.6
15	青森	62.4
	茨城	62.4
	香川	62.4
18	新潟	62.3
19	山梨	61.9
	広島	61.9
	大分	61.9
22	長野	61.8
	奈良	61.8
22	宮崎	61.8
25	三重	61.6
	長崎	61.6
27	栃木	61.5
	和歌山	61.5
29	神奈川	61.4
30	鳥取	61.2
	岡山	61.2
32	北海道	60.9
	宮城	60.9
	山形	60.9
	福島	60.9
36	埼玉	60.8
	福岡	60.8
	熊本	60.8
39	島根	60.6
40	千葉	60.5
41	滋賀	60.3
42	岩手	60.2
43	大阪	60.1
44	佐賀	59.8
45	高知	59.4
46	鹿児島	59.3
47	沖縄	56.0

(単位：問)
出典：文部科学省・全国学力・学習状況調査

食べている」という割合は小学6年生が88・3％、中学3年生が88・8％で、全国平均よりも高い数字が出ていました。一方で、携帯電話やスマートフォンを含めたテレビゲームを1日あたり2時間以上する割合は小学6年生が28・0％、中学3年生が30・1％と全国平均を下回っていました。

冷静沈着な広島男性、女性は共感度ナンバー1の〝姉御肌〟

〝教育県〟で古くから知られる広島は、小学生の学力ランキングで7位、近畿・中国地方のなかではトップに立っています。ディグラム・ケンミン調査では、男性の物事に対する冷静さ、女性は人間関係上相手を思いやる優しさといった面が浮き彫りになっています。

「数字やデータを集めて話をする」「自分は感情的より理性的なほうだ」といった男性が36・9％、36・2％と、いずれも全国平均より10ポイント以上高くなっていました。そんな冷静さは、対人では厳しさにも、とっつき難《にく》さにもつながっています。「相手の遅刻を許せない。自分でも遅刻しない」という人が34・8％だったほか、「人前で大笑いしたり、泣いたりできない」が30・4%と、どちらも全国平均を優に超えており、逆に「陽気にふるまうほうだ」という男性は36・9%で、全国平均より顕著に低くなっていました。

そんな男性とは対照的に、人間的な温かさが前面に溢れているのが広島の女性です。「他人に頼まれると断れない」「他人の心配事にすぐ同情してしまう」といった比率が58・1%、53・8%と、どちらも突出して高くなっているのです。

さらには「相手に共感するほうだ」「好きな人には尽くしたい」は60・6%、55・4%と全国トップの数字です。共感度が高く献身的な姿が浮かんできますが、豪快さや強さも持ち合わせています。例えば男性で高かった「人前で大笑いしたり、泣いたりできない」という設問に対して、40・5%が「いいえ」と答えており、買い物面では「まとめ買いタイプだ」が51・3%を占めています。「リーダーになることが多い」という女性も45・5%いて、全国平均よりはるかに高いです。

義理人情に厚い〝姉御肌〟といったイメージがぴったりな広島の女性です。

際立つ秋田、福井、愛媛の校内暴力の少なさ

文部科学省の「児童生徒の問題行動等生徒指導上の諸問題に関する調査」によれば、2015年度に国公私立の小・中学校、高校で起きた暴力件数は、14年度よりも2560件（4・7％）増えて5万6806件でした。

暴力別の内訳は「対教師暴力」8212件、「生徒間暴力」3万6105件、「対人暴力」1401件、「器物損壊」1万1088件。学校種別の暴力件数は小学校1万7078件、中学校3万3073件、高校6655件となっています。

小・中学校、高校を合わせた、児童・生徒1000人あたりの暴力発生件数の全国平均は4・2件、都道府県ランキングが表11です。0・6件の秋田、福井がトップで並び、愛媛（0・7件）、山形（0・8件）が続きます。発生件数の最多は10・3件の大阪で、高知（9・2件）、神奈川（8・2件）なども多くなっています。

小・中学生とも学力が高かった秋田、福井、愛媛の3県は、学校種別の校内暴力件数の都道府県ランキングでも、いずれも上位にランクインしています。「小・中・高」別に、秋田が「2位・3位・3位」、福井が「1位・1位・8位」、愛媛が「4位・4位・

表11 児童・生徒1000人あたりの校内暴力件数(2015年度)

順位	都道府県	暴力件数	順位	都道府県	暴力件数
1	秋田	0.6	23	長崎	3.5
	福井	0.6	25	栃木	3.6
3	愛媛	0.7		兵庫	3.6
4	山形	0.8	27	愛知	3.7
5	佐賀	1.1		沖縄	3.7
	宮崎	1.1	29	滋賀	4.1
	鹿児島	1.1		山口	4.1
8	福島	1.2	31	広島	4.3
	群馬	1.2	32	宮城	4.4
	熊本	1.2		茨城	4.4
11	長野	1.6	34	三重	4.6
12	岩手	2.0	35	新潟	4.7
	山梨	2.0	36	徳島	4.9
	福岡	2.0		香川	4.9
15	東京	2.1	38	岡山	5.0
	石川	2.1	39	千葉	5.7
17	大分	2.3	40	静岡	5.9
18	北海道	2.4	41	和歌山	6.6
19	富山	2.5	42	岐阜	6.8
20	埼玉	2.7	43	島根	7.1
	奈良	2.7	44	京都	7.5
22	青森	3.0	45	神奈川	8.2
23	鳥取	3.5	46	高知	9.2
			47	大阪	10.3

(単位:件)

出典:文部科学省・児童生徒の問題行動等生徒指導上の諸問題に関する調査

5位」だったのです。

不登校中学生、宮城や高知では1クラスに1人以上在籍

不登校とは、病気、経済的な理由以外の心理的、身体的、社会的要因・背景により、1年間に連続または断続して30日以上登校しない、したくてもできない状況とされています。全国の不登校者数は文部科学省によれば2015年度、小学校で2万7583人、中学校9万8408人。それぞれ14年度より、1719人（6・6％）、1375人（1・4％）増えています。在籍者に占める割合は小学生で0・42％、中学生で2・83％です。

中学校の不登校生徒の在籍率のほうを低い順に並べた都道府県ランキングが表12です。上位には富山（2・01％）、秋田（2・04％）、徳島（2・14％）、山形（2・22％）、下位には宮城（3・53％）、高知（3・48％）、沖縄（3・30％）、栃木（3・28％）が並んでいました。1クラスを40人と考えるならば、統計上、富山や徳島では2クラスに1人以上、宮城、高知などでは、1クラスに1人以上、不登校生徒が

表12　不登校中学生（2015年度）

順位	都道府県	不登校率
1	富山	2.01
2	秋田	2.04
3	徳島	2.14
4	山形	2.22
5	福井	2.26
6	埼玉	2.32
7	岩手	2.36
8	山口	2.45
9	岡山	2.49
	愛媛	2.49
	宮崎	2.49
12	広島	2.55
13	滋賀	2.56
14	熊本	2.57
15	千葉	2.60
16	新潟	2.63
17	鳥取	2.69
	島根	2.69
19	青森	2.70
	兵庫	2.70
21	北海道	2.71
	群馬	2.71
	長野	2.71
24	奈良	2.74
25	京都	2.80
	大分	2.80
27	東京	2.82
28	福島	2.83
29	和歌山	2.85
30	石川	2.86
	長崎	2.86
32	茨城	2.90
33	三重	2.91
34	佐賀	2.92
35	神奈川	2.93
36	岐阜	2.96
37	香川	2.99
	福岡	2.99
39	山梨	3.07
40	静岡	3.11
	鹿児島	3.11
42	大阪	3.24
43	愛知	3.26
44	栃木	3.28
45	沖縄	3.30
46	高知	3.48
47	宮城	3.53

（単位：%）

出典：文部科学省・児童生徒の問題行動等生徒指導上の諸問題に関する調査

在籍している計算です。

問題行動の改善が学力にも好影響

校内暴力、不登校生徒が少ないことについて、秋田県教育委員会は「何か特別なことをしてきているわけではない」と説明しています。子供が勉強を好きになったり、子供同士の人間関係を築いたりすることを通して、学校における居場所づくりを重視してきたことが結果に影響しているかもしれない、と教育委員会は見ています。学力テストでも上位にランクする秋田ですが、その取り組みは子供の問題行動の改善にもつながっているようです。

秋田と同様、子供の問題行動と学力について上位にランクインする福井は、2010年以降、国立教育政策研究所と協力して不登校対策指針を策定し、不登校のみならず、校内暴力やいじめなどの指導全般に力を入れてきました。福井県教育委員会はその成果が出てきているのではないかと分析しています。生活指導という側面から見てという前提としながらも、「学校で落ち着いた雰囲気のなか学習できるということが、学力の向上にもつながっているのではないか」と話しています。

一方、校内暴力の発生率が高かった大阪府は、問題生徒を抱える中学に教員を新たに配置したり、府の教育委員会事務局に校長経験者をアドバイザーとして増員し、生徒指導の担当教員の相談に乗るなど、対策を進めています。

地元生活望む愛媛県民は人の影響を受けない

小・中・高校の校内暴力が少ない愛媛。その県民性とはどんなものなのでしょうか。何と言っても際立つのが郷土愛の強さです。「故郷でずっと生活したい。戻って生活したい」という県民は75・6％と全国1位です。居心地、住み心地の良い地域だというのは間違いありません。

そんな愛媛ですが、「人間関係は狭く、深く」と答える比率が68・0％に上り、全国平均を大きく上回っていました。視線があまり〝外〟に向かわない県民性なのです。同じ四国の徳島が64・9％で突出していて全国1位だった「街にある大きな看板広告を見てしまう」という割合は55・9％にとどまり最下位。目立つものや珍しい物事に対して好奇の目を向けない、つまりあまり動じることもなく、来る者を拒まず、去る者を追わない特質が窺えます。

「好奇心が旺盛なほうだ」という人は43・9％にとどまり、この設問で全国44位。「流行に疎い」という男性は78・9％で、全国平均より10ポイント以上高くなっています。

逆に「相手に共感するほうだ」「人の話をよく聞くほうだ」という人は平均を大きく下回っています。自身の価値観をしっかり持っていて、現状からの変化を求めない、どっしりとした安定感が愛媛県民の魅力です。

人を助ける宮城県民。日本で一番きれい好き

不登校中学生の割合が高かった宮城の県民性は、愛媛とは逆に視線が〝外〟に向く傾向が強いです。

「困った人を見ると助けてしまう。助けられないと気になる」という人が52・6％で、平均45・0％を大きく上回り、全国1位でした。「好奇心が旺盛なほうだ」と

いう人は57・6％でやはり全国平均を大きく上回っています。

こうした〝外向き〟の姿勢は、特に女性にあらわれています。「他人に頼まれると断れない」（57・4％）、「相手に共感するほうだ」（50・6％）、「人の世話をしたがる」（38・0％）といった設問で、女性は軒並み、全国平均よりも高い割合となっています。労働への情熱にも溢れています。「仕事を重視する」という女性が43・1％を占め、39・1％の男性に差をつけていました。

また、日本で一番きれい好きなのが宮城県民でもあります。「掃除が好き」という県民が50・9％を占めていて、全国1位です。

とりわけ女性はこの項目でも高く、54・8％で平均より10ポイント以上上回っていました。

教育費最高の埼玉。私大授業料が押し上げる

全国から9000世帯を抽出して実施された総務省の2016年の家計調査。単身世帯を除いた2人以上の世帯の支出額のなかから年間平均の教育費に着目しました。県庁

所在地別に抽出していますが、各県の消費動向はこれをベースに計算されていることから、県庁所在地のデータを都道府県別の額とします。

1年間の教育費の全国平均は13万5746円。教育費の支出がない世帯を含めた平均額ですから実感より大分低い数字ですが、それでも都道府県ごとの教育費を低い順に並べたランキングが表13です。

教育費がもっとも少ないのが青森の6万8287円。以下、長崎（7万6488円）、和歌山（8万6236円）、山梨（8万7674円）が並びます。

逆に最高は埼玉の24万1491円で、青森の約3・5倍。ほか、東京（22万5540円）、福岡（20万8571円）、神奈川（18万8699円）、京都（18万2485円）、千葉（17万1022円）など、大都市部の教育費が高くなっています。

トップの埼玉の教育費の内訳を見ると、私立大学の授業料が11万5295円と全国で唯一10万円を超えています。教育費支出の多いほかの都道府県を見ても、私立大の授業料の占める割合が多いです。

当然のことでしょうが、教育費の支出を抑えたければ、都市部での生活、私立大進学

表13 年間平均教育費（2016年）

順位	都道府県	教育費
1	青森	68287
2	長崎	76488
3	和歌山	86236
4	山梨	87674
5	熊本	88205
6	佐賀	88877
7	岩手	89068
8	大分	90304
9	鳥取	97704
10	島根	98274
11	香川	98565
12	秋田	99879
13	鹿児島	100797
14	福島	102633
15	沖縄	104374
16	群馬	107435
17	長野	112777
18	宮城	112946
19	茨城	118432
20	岐阜	124848
21	兵庫	124967
22	三重	125929
23	福井	127654
24	宮崎	128681
25	山形	128761
26	北海道	129050
27	新潟	130059
28	大阪	130598
29	富山	136965
30	徳島	140829
31	高知	144462
32	愛媛	147852
33	広島	149043
34	栃木	149530
35	静岡	160875
36	岡山	161788
37	石川	161879
38	滋賀	164344
39	奈良	165194
40	山口	165341
41	愛知	167533
42	千葉	171022
43	京都	182485
44	神奈川	188699
45	福岡	208571
46	東京	225540
47	埼玉	241491

（単位：円）
出典：総務省・家計調査

を避けるのが一番です。

東京大好き埼玉県民。順応性はトップクラス

教育費が東京を上回る埼玉。ディグラム・ケンミン調査からわかる県民性の特徴は〝東京好き〟です。ライバル県としては、「千葉」を挙げる人が圧倒的に多く、東京はもはや張り合う相手にはなっていません。

「東京、東京の人が好き」という埼玉県民の割合が、全国平均（64・8％）を大きく上回って78・5％で全国2位。ちなみに1位は東京です。その点を踏まえれば、埼玉が実質1位と言って差支えないかもしれません。

逆に「非常に故郷が好き」「故郷でずっと生活したい」という埼玉県民の割合は83・2％で、全国平均（86・0％）を下回っていました。埼玉県民にとって東京がアイデンティティなのです。

よって大きな都市性に流されるばかりで、個性はそぎ落とされ、どこか機械のように無機質化されています。埼玉県民には大きな感情の起伏がないのです。

特に女性は「感動モノのテレビや映画などの話をする」「目標は達成しなければならない」「仕事を重視する」といった、感受性や自我の度合いを示す設問で全国ランキングの下位に入ります。他人への関心や自分へのこだわりの薄さを強調する結果です。埼玉県民の男女とも大きな特徴があるとすれば〝順応性〟でした。

第三章　結婚

独身少ない滋賀、福井の中部勢

国立社会保障・人口問題研究所の調査によれば、50歳までに一度も結婚したことがない人の割合を示す「生涯未婚率」は、2015年で男性は23・37％、女性が14・06％でした。調査上50歳までですが、男性で4人に1人、女性で7人に1人が独身を貫いています。〝未婚〟はとうに珍しくはない時代なのです。

調査は5年に一度行われています。前回の10年より男性3・23ポイント、女性3・45ポイントと、いずれも3ポイント以上伸びて過去最高を更新しました。男性は1970年まで、女性は60年までと、1％台が長く続いていましたが、その後増加傾向に拍車がかかっています。

15年の生涯未婚率を低い順に並べた、男女の都道府県ランキングが表14と表15です。男性の最低は18・24％の奈良で、以下、滋賀（18・25％）、福井（19・19％）、岐阜（20・12％）、三重（20・41％）が続きます。女性の最低は8・66％の福井。滋賀（9・21％）とともに一桁台にとどまります。女性ではほか岐阜（10・

表14 男性・生涯未婚率(2015年)

順位	都道府県	未婚率
1	奈良	18.24
2	滋賀	18.25
3	福井	19.19
4	岐阜	20.12
5	三重	20.41
6	兵庫	20.53
7	和歌山	20.63
8	石川	20.64
9	香川	20.93
10	宮崎	21.51
11	岡山	21.60
12	広島	21.66
13	熊本	21.70
14	大分	21.87
15	富山	21.94
16	佐賀	22.03
17	福岡	22.04
18	徳島	22.10
19	愛知	22.27
20	愛媛	22.46
21	大阪	22.54
22	長崎	22.57
23	鹿児島	22.60
24	京都	22.71
25	山形	22.81
26	長野	22.88
27	山梨	23.05
	山口	23.05
29	宮城	23.11
30	島根	23.21
31	北海道	23.48
32	群馬	23.56
33	鳥取	23.90
34	千葉	24.09
35	静岡	24.13
36	栃木	24.25
37	茨城	24.29
38	福島	24.69
39	高知	24.82
40	埼玉	24.83
41	神奈川	24.93
42	青森	25.03
43	秋田	25.10
44	新潟	25.15
45	東京	26.06
46	岩手	26.16
47	沖縄	26.20

(単位:%)

出典:国立社会保障・人口問題研究所・人口統計資料集

表15　女性・生涯未婚率（2015年）

順位	都道府県	未婚率
1	福井	8.66
2	滋賀	9.21
3	岐阜	10.00
4	山形	10.08
5	三重	10.26
6	富山	10.41
7	茨城	10.69
8	栃木	10.98
9	山梨	10.99
10	石川	11.10
11	島根	11.11
12	長野	11.21
13	愛知	11.39
14	福島	11.63
15	群馬	11.85
16	香川	12.03
17	鳥取	12.20
18	奈良	12.35
19	秋田	12.37
20	新潟	12.41
21	静岡	12.48
22	岡山	12.67
23	和歌山	12.85
24	埼玉	12.99
25	千葉	13.01
26	岩手	13.07
	佐賀	13.07
28	宮城	13.23
	徳島	13.23
30	広島	13.30
31	山口	13.56
32	宮崎	13.68
33	神奈川	13.77
34	青森	13.87
35	大分	14.21
36	兵庫	14.26
37	熊本	14.42
38	愛媛	14.58
39	鹿児島	14.69
40	長崎	15.38
41	京都	15.81
42	福岡	16.08
43	沖縄	16.36
44	高知	16.48
45	大阪	16.50
46	北海道	17.22
47	東京	19.20

（単位：%）

出典：国立社会保障・人口問題研究所・人口統計資料集

00％）、山形（10・08％）、三重（10・26％）、富山（10・41％）が低くなっています。男女とも中部地方の県が上位にランクされているのです。

一方、生涯未婚率が高いのは男性では沖縄で26・20％。岩手（26・16％）、東京（26・06％）、新潟（25・15％）、秋田（25・10％）、青森（25・03％）も25％を超えています。女性の最高は東京で19・20％。二番目に高い北海道（17・22％）とも2ポイント近く差があり、突出しています。ほか、大阪（16・50％）、高知（16・48％）、沖縄（16・36％）などが高くなっています。

離婚率低い日本海勢。沖縄は群を抜く高さ

厚生労働省の「人口動態調査」によれば、2015年の離婚件数は全国で22万6215件。人口1000人あたりの離婚率は1・81で14年（1・77）より若干上昇しています。ちなみに婚姻件数は63万5156件。新たな夫婦が三組生まれれば、その陰では一組の夫婦が別々の道を歩む選択を数字上はしているのです。

離婚率を低い順に見た都道府県ランキングが表16です。離婚率が低いトップ5は、山

表16　1000人あたりの離婚率（2015年）

順位	都道府県	離婚率
1	山形	1.35
2	新潟	1.39
3	富山	1.40
4	島根	1.48
5	石川	1.49
6	秋田	1.50
7	岩手	1.53
8	福井	1.54
9	岐阜	1.56
10	徳島	1.61
11	長野	1.62
12	佐賀	1.63
13	滋賀	1.67
14	長崎	1.68
15	福島	1.70
	奈良	1.70
17	宮城	1.72
18	京都	1.73
	岡山	1.73
20	青森	1.74
	栃木	1.74
	鳥取	1.74
	山口	1.74
20	愛媛	1.74
25	山梨	1.75
	三重	1.75
27	広島	1.76
28	埼玉	1.77
29	千葉	1.78
	大分	1.78
31	群馬	1.79
	静岡	1.79
	愛知	1.79
	兵庫	1.79
35	茨城	1.80
36	神奈川	1.81
37	香川	1.82
38	東京	1.84
39	熊本	1.85
40	高知	1.87
41	鹿児島	1.88
42	和歌山	1.97
43	福岡	1.99
44	大阪	2.08
45	北海道	2.09
46	宮崎	2.10
47	沖縄	2.53

出典：厚生労働省・人口動態調査

形（1・35）、新潟（1・39）、富山（1・40）、島根（1・48）、石川（1・49）で、日本海に面する県が並びます。

逆に高いのが沖縄で2・53。46位の宮崎（2・10）とは0・43ポイントも離れており、突出して高くなっています。ほかに北海道（2・09）と大阪（2・08）が「2」を超える高い離婚率を記録しています。

沖縄の男女とも全国トップの〝自由恋愛〟傾向

沖縄の離婚率の高さは、よく知られています。20代前半までに〝できちゃった婚〟する人や、DV（家庭内暴力）が起きて問題となる家庭が多いという噂を耳にする方も少なくはないはずです。果たして、生涯未婚率も、離婚率も高い沖縄県民にどんな特徴があるのでしょうか。

ディグラム・ケンミン調査の結果を見ると、沖縄県民の〝自由さ〟が垣間見えます。県民自身に「沖縄県といえば？」と聞くと、多くの人が「のんびり」「なんくるないさ（なんとかなるさ）」という言葉を挙げます。反面、言われたくない言葉としては「ルーズ」「いいかげん」などが並び、〝自由さ〟を沖縄県民自身も強く自覚しているようです。「恋愛は自由にするのが好きだ」という沖縄県民は男女とも全国1位です。全国平均41・3％を10ポイント近くも上回る県民の51・2％がそう答えており、身も心も縛られることを嫌う沖縄男女の奔放さが窺えます。

そんな沖縄県民ですが、経済観念は男女で大きく食い違います。男性は仲間で集うことが多く、外食にも頼りがちですが、基本的には節約家で、こまめに買い物をして料理するなど、締めるところは締めるタイプ。プラスにならないお金遣いを嫌い、ギャンブルでうっぷんを晴らすという発想もないです。

逆に女性はなんでも大雑把でお金のことになると特にどんぶり勘定。さらに、欲しいモノは欲にまかせて手に入れようとする浪費家傾向がかなり強いです。家庭的なことも苦手。ただし、「故郷が好き」という沖縄県民の割合は91・0％で全国2位です。同郷同士の結婚なら、なんとかうまくやっていけるかもしれません。

新潟の男性は遊び人。ただし結婚後は尽くす

離婚率が二番目に低い新潟。ただ生涯未婚率が低い県が揃《そろ》う中部地方のなかで、男性は四番目に高いのが気になります。

新潟県民の特質は恋愛面での積極性です。県民の28・7％が「異性に告白するほうだ」と答えていて、この比率は全国トップ。特に男性は40・5％がそう答えていて、「異性に対する興味は強いほうだ」という男性は59・5％を占め、いずれも男性平均を大きく上回って全国1位なのです。

私はアンファー株式会社と共同で、全国の男性8000人を対象にライフスタイルなどを調べるためのアンケートも実施していますが、そのなかでも新潟の男性の〝恋愛気質〟がくっきりと浮かび上がっていました。恋人と仕事の予定がバッティングした場合に「恋人との予定を優先することが多い」とする割合が44・2％と、全国平均（31・7％）を大きく上回っていたのです。

ディグラム・ケンミン調査では、自分を優しいと自任しながらも、人の目はあまり頓着しない傾向が新潟の男性には出ていました。「自身の性格は優しい」と思う人が77・5％もいる半面、「他人が自分をどう思っているか気になる」という比率は36・6％と全国平均よりずっと低いのです。〝プレイボーイ〟のような男性像が浮かび上がってきます。

「好きになる異性は外見重視」が27・6％で平均より高いのも、また「お酒はよく飲むほうだ」（49・7％）、「自分は浪費家である」（45・3％）、「ギャンブルが好き」（36・1％）といった項目が突出しているのも、そのイメージを後押しします。生涯未婚率が高いのも、こういった特質が影響しているのかもしれません。

それでも結婚後は相手を大切にするのが新潟の男性です。「結婚生活は相手主導でよい」という比率は36・2％で全国平均を大きく上回り、また、「好きな人には尽くしたい」は54・8％もいます。そして、結婚生活に満足している男性も多いのです。「結婚して幸せだと思うことが多い」というのは62・7％。平均よりずっと高い数値が出ていました。

長崎の男性と結婚する女性は幸せ

離婚率の低さが14位と、ギリギリ上位にランキングしているのが長崎ですが、その県民性には特徴的な面がもちろんあります。それは博愛主義的な優しさです。約束やルールに対してルーズな面もありますが、それを凌駕《りょうが》するほど、相手に対しても度量が大きいのです。「人の遅刻やミスを許せる」という人は40・2％で全国平均を大きく上回っています。特に男性が優しいです。「自分の性格は優しい」と自任する男性は77・9％と8割に迫っていました。その優しさのバリエーションは豊富なようです。

「他人に頼まれると断れない」という男性が56・2％に上り、「他人に貸したお金は少額でも気になる」「飲食店の店員にオーダーを間違えられると、あとあとまで気になる」という人は全国平均と比べて極端に少なくなっています。

そんな優しさが、恋愛気質につながっているのかもしれません。「恋に落ちやすいほうだ」という男性は46・5％で、平均を10ポイント以上も上回っていました。先に紹介した、付き合えば、自分から別れを切り出さないのも長崎の男性の特徴です。先に紹介したアンファーとの共同調査では、「どちらかと言えば、相手に振られることが多い」という男性が77・0％を占めていました。

恋をして結婚すれば女性を立てます。「結婚生活は相手主導でよい」という人は32・3％と、これもまた平均よりずっと高いのです。それでいて「結婚して幸せだと思うことが多い」という人は62・7％に上ります。優しさに包まれた結婚生活を送りたい女性は、長崎の男性のなかから相手を探すのがいいかもしれません。

規律、倫理観を重んじる滋賀県民は口下手

生涯未婚率が男女とも二番目に低い滋賀は、離婚率でも1・67人と全国平均を下回っています。世の中の規律や倫理観に日本一厳しいのが滋賀県民です。「倫理観のないタイプの人間は嫌いだ」という人は64・6％で全国平均よりも5ポイント以上高く、逆に沖縄がトップだった「恋愛は自由にするのが好きだ」は35・5％で全国平均を5ポイント以上も下回っています。

恋愛では常識外の行動を慎み、その場の勢いで肉体関係を持つなど皆無です。さらに「結婚して離婚したいと思うことが多い」という滋賀県民は16・7％で全国平均より5ポイント以上低くなっています。

滋賀県民は「自分の見た目に自信がない」(72・5%)、「自分は優柔不断である」(67・1%)、「他人が自分をどう思っているか気になる」(47・6%)といった比率が突出しており、「ご近所付き合いが得意だ」という人は24・0%で平均よりずいぶんと低い割合です。対人関係において、若干の自信のなさがあらわれているともとれます。

そんなもどかしいコミュニケーションに潤滑油があるとすればメール。「コミュニケーションはメールやメッセージが主だ」という県民の割合は77・2%で全国1位でした。思うように伝えられないことも、文字ならラクラク。自分の言いたいことだけ言いたいという、せっかちで自分勝手な一面もまたあらわしているのかもしれません。

第四章
仕事

バブル期超えの有効求人倍率。中部、北陸が特に高い

仕事を求めている人1人に対して企業から何人の求人があるかを示す「有効求人倍率」は、バブル期を超える活況が続いています。厚生労働省によれば、2017年6月は1・51倍で、前月より0・02ポイント上昇。有効求人数が269万1887人で前月より1・5％増えましたが、有効求職者数が177万9214人で前月並みだったため、上昇しています。

4ヶ月連続の上昇で、1974年2月以来、43年4ヶ月ぶりの高水準です。正社員に限った有効求人倍率も前月を0・02ポイント上回る1・01倍で、集計を始めた04年11月以来、初めて1倍を超えています。

全国的に高水準ですが、そのなかでも特に職を得やすい地域が当然あります。有効求人倍率の都道府県ランキングが表17です。1位は福井の2・12倍。以下、富山（2・04倍）、岐阜（1・94倍）、三重（1・92倍）、石川（1・88倍）と中部、北陸勢が続きます。

表17 有効求人倍率(2017年6月)

順位	都道府県	求人倍率
1	福井	2.12
2	富山	2.04
3	岐阜	1.94
4	三重	1.92
5	石川	1.88
6	香川	1.84
7	熊本	1.83
8	愛知	1.81
9	島根	1.80
10	岡山	1.75
11	広島	1.73
12	鳥取	1.72
	山口	1.72
14	群馬	1.66
15	山形	1.65
	長野	1.65
	静岡	1.65
18	宮城	1.63
19	茨城	1.61
	愛媛	1.61
21	福島	1.59
22	新潟	1.57
	滋賀	1.57
22	宮崎	1.57
25	京都	1.56
26	大分	1.55
27	山梨	1.53
28	岩手	1.52
	徳島	1.52
30	栃木	1.50
	東京	1.50
32	千葉	1.47
33	佐賀	1.46
34	奈良	1.44
35	秋田	1.42
36	兵庫	1.41
	和歌山	1.41
38	埼玉	1.40
39	福岡	1.39
40	大阪	1.38
41	青森	1.35
	神奈川	1.35
43	鹿児島	1.30
44	沖縄	1.29
45	長崎	1.26
46	高知	1.19
47	北海道	1.13

(単位:倍)

出典:厚生労働省・一般職業紹介状況

逆に最低は北海道の1・13倍。ほか、高知（1・19倍）、長崎（1・26倍）、沖縄（1・29倍）、鹿児島（1・30倍）などが下位に並んでいます。

中部、北陸地方は保安、建設、介護、接客・販売といった分野の中小企業を中心に人手不足が指摘されています。

北海道はランキングこそ最下位ですが、過去と比べれば高水準となっており、建設業などからの求人が多いようです。

福井県民は高い上昇志向を持つ仕事人

中部、北陸地方の有効求人倍率の高さが目立ちますが、トップの福井の人の特質として〝仕事人〟であることが挙げられます。

ディグラム・ケンミン調査で、「仕事を重視する」という県民の割合は44・4%で、全国平均よりも5ポイント以上も高いのです。74・7%、つまり4人に3人が「仕事の結果が重要だ」と答えており、この比率も全国平均を大きく上回ります。「出世したい」という人は53・1%で半数を超えていて、特に男性では、「今の仕事・学業にやりがいを感じている」(60・4%)、「仕事は自分の成功が重要だ」(44・3%)という数字も高くなっています。

とにかく仕事熱心なのです。上昇志向も強いです。「計画を立ててから行動する」「物事を早くこなすのが得意だ」という数字も高水準。仕事の飲みこみが早く、猛烈なパワーでミッションをこなしていく姿が浮かび上がってきます。

人付き合いにもそつがなく、複雑な上下関係も難なくハンドリングできるようです。ただ、「窮地に立つと嘘やごまかしができるほうだ」という設問に「いいえ」という回答が25・5%と平均を大きく下回るなど、世渡り上手なのですが、自分の損得を常に考え、目的を果たすためには相手をあからさまに持ち上げたり、その場しのぎのポーカーフェイスぶりを発揮したりするなど、ずる賢さも見え隠れしてきます。

また特に男性で「他人の学歴、死後のステータス、年齢を気にする」という比率が高いです。付き合う人を家柄や地位で判断することが多く、自己顕示欲の強さからか、厭味《いやみ》な人だと受け取られることもあるようです。

寛大な三重県民。日本一、相手の期待に応えようとする

福井と同様に有効求人倍率の高い三重も、男性のほうに〝仕事人〟ぶりが垣間見えます。男性の43・0％が「仕事を重視する」と答えており、全国平均よりずっと高く、その中身については、成果も過程も大切にしているようです。「仕事は結果が重要だ」は73・7％、「仕事はスキルだ」は48・6％で、こちらも平均を大きく上回っていたのです。

女性を含めた三重県民全体の特質は、人の希望や意見に合わせて行動できるという点です。「相手の期待に応えようとする」という県民の比率は60・6％で、全国1位なのです。「たくさんの人といるほうが好き」という人は26・0％で、これも全国平均を軽く超え、また「大笑いすることがある」という設問に「はい」と答えたのは59・2％に上っていて、集団のなかで上手くふるまう三重県民の姿が見えてきます。

人間関係にひびを入れないために相手を受け入れる寛大さも持ち合わせています。「下の者や子供には短所に目をつぶり、長所を伸ばすべきだ」は54・4％、「人の遅

刻やミスを許せる」が40・7％と、高い数字が出ているのです。

この相手に合わせる傾向は恋愛面においても顕著です。「結婚生活は相手主導でよい」という県民の比率が全国で二番目に多く、特に男性は32・9％と平均より5ポイント以上も高くなっています。

ただし、男性では「腹が立つと、恋人の電話でも唐突に切ってしまう」に対して、36・1％が「いいえ」という回答をしていますが、これは平均よりもずっと低く、「1人の人を長く愛せない」が24・0％いて、高い数字が出ていました。相手を受け入れることに長けた三重県民ですが、当然、どこかに〝一線〟があるということも留意しておきたいです。

対人関係、男女で異なる鹿児島県民。共通する郷土愛は全国トップ

有効求人倍率が五番目に低かった鹿児島。「今の仕事・学業にやりがいを感じている」という回答は62・6％に上り、全国平均を大きく上回っていました。仕事に関しては、現状に満足している人が多く、転職意欲はあまり見られません。これは

男女に共通する傾向でしたが、このほかの対人関係や金銭感覚などでは、男女の違いがくっきりと出ています。

他人に対して厳しかったり、拒絶的だったりするのが鹿児島の男性です。「人の世話をしたがる」という設問に「いいえ」との回答は31・4％で全国平均よりずっと高く、「人の遅刻やミスを許せる」については18・9％が「いいえ」と答えていて、やはり平均より顕著に高くなっています。

一方で、女性は許容的。「他人に頼まれると、断れない」という女性は59・7％もいて、「相手に共感するほうだ」という人も51・1％と全国平均を大きく上回っていました。

近所付き合いについても、「苦手だ」という男性が78・3％にも上る半面、「得意だ」という女性は36・2％で、全国平均より5ポイント以上も高くなっています。このほか、お金については貯めるのが男性で浪費するのが女性。イライラして八つ当たりをするとき、人に当たるのが男性、モノに当たるのが女性と性差がより明確なのが、鹿児島県民でした。

ただし、共通するものももちろんあります。それは郷土愛です。県民全体の91・5％が「故郷が好き」。これは全国トップの比率となっています。

高校生就職率、富山は全国初の100％

求人数と密接に連動する高校生の就職率も、売り手市場のなかで上昇を続けています。就職を希望するすべての高校生が対象となる文部科学省の調査では、2017年3月末時点の就職率は98・0％。16年の同じ時期を0・3ポイント上回り、7年連続の上昇となりました。98％に達するのは、1990年以来26年ぶりです。

その高校生の就職率の都道府県ランキングが表18です。有効求人倍率と同様、北陸が強く、トップは富山で100％を達成。3月末時点で就職希望者全員が就職できたのは、文部科学省によれば確認できる82年以降では全国初です。富山の1位は3年連続です。以下、石川（99・8％）、福島（99・7％）、福井（99・7％）、秋田（99・6％）、新潟（99・6％）が続いています。

富山はそもそも工業系の中小企業が多く、自動車があれば実家から通勤可能な地区が

表18　高校生就職率（2017年3月末）

順位	都道府県	就職率
1	富山	100.0
2	石川	99.8
3	福島	99.7
	福井	99.7
5	秋田	99.6
	新潟	99.6
7	山形	99.5
8	岩手	99.4
	鳥取	99.4
	島根	99.4
11	徳島	99.3
	佐賀	99.3
13	熊本	99.2
	大分	99.2
	宮崎	99.2
16	山口	99.1
	香川	99.1
18	宮城	99.0
	三重	99.0
	岡山	99.0
	長崎	99.0
22	広島	98.9
23	愛知	98.8
23	愛媛	98.8
25	栃木	98.7
	長野	98.7
	鹿児島	98.7
28	岐阜	98.6
	奈良	98.6
30	青森	98.3
	群馬	98.3
	静岡	98.3
	福岡	98.3
34	高知	98.2
35	北海道	98.0
36	京都	97.9
37	埼玉	97.8
38	茨城	97.7
39	滋賀	97.2
40	山梨	97.1
41	神奈川	97.0
42	和歌山	96.2
43	千葉	95.9
44	東京	95.8
45	兵庫	95.7
46	大阪	95.1
47	沖縄	89.5

（単位：%）

出典：文部科学省・高等学校卒業者の就職状況に関する調査

大半のコンパクトな土地柄。県内就職を希望する高校生は多くなっています。県教育委員会は高校の校長を中心に求人開拓を重視してきたといいます。09年度からは民間企業の人事やハローワークの勤務経験者4人を採用して「キャリア教育アドバイザー」として高校に配置。企業への採用継続の要請や、生徒と企業のマッチングなどにも力を入れてきました。地道な取り組みが実を結んだと見ています。

一方、最下位は沖縄で、唯一90%を割り込む89・5%。16年同期と比較して2・3ポイント増え、全国で二番目の上昇率でしたが、それでも46位の大阪（95・1%）に5ポイント以上の差をつけられています。ほか、兵庫（95・7%）、東京（95・8%）、千葉（95・9%）など、大都市が下位に並んでいます。

情報産業重視の沖縄。就業者増加率は大都市凌ぐ

沖縄の雇用環境は高校生の就職にも影響を与えて厳しく映りますが、実は就業者数自体は近年増えてきています。しかも増加の割合は全国でトップなのです。

総務省は日本の就業の実態を把握するため、全国の約4万世帯を抽出して「労働力調

査」を実施しています。それによれば、日本全体の就業者数は2006年から16年にかけて51万人増加しています。この10年間の都道府県ごとの就業者数の増減率についてランキングにしたのが表19です。

この1位が沖縄で、14・1％増加していました。以下、東京（14・0％増）、神奈川（9・1％増）、千葉（3・7％増）と首都圏勢が続いており、トップ10は沖縄を除くとすべて大都市です。7割以上の34道県で減少していて、秋田（11・5％減）、山梨（9・6％減）、島根（9・1％減）は10年の間に1割前後減少していました。

沖縄の就業者数は06年の時点で59万7000人。以降は07年に若干減少しましたが、その後9年は連続で増え続けていて、16年は68万1000人。10％以上伸びているのは沖縄のほかには東京だけです。

増加の要因について沖縄県雇用政策課は「県経済の拡大や観光客数の増加などに加え、〝みんなでグッジョブ運動〟を中心に産業振興や企業誘致に取り組んだことと考えています」と話しています。

〝みんなでグッジョブ運動〟とは、企業や教育機関、地域が一体となって完全失業率の

表19　10年間の就業者数増減率（2006年-2016年）

順位	都道府県	増減率
1	沖縄	14.1
2	東京	14.0
3	神奈川	9.1
4	千葉	3.7
5	愛知	3.3
6	福岡	2.8
7	大阪	2.6
8	京都	2.4
	兵庫	2.4
10	埼玉	1.6
11	宮城	0.8
12	和歌山	0.2
13	熊本	0.1
14	三重	-0.2
15	滋賀	-0.6
16	広島	-1.5
17	大分	-1.7
18	石川	-2.0
19	福井	-2.1
20	佐賀	-2.3
21	北海道	-2.4
	栃木	-2.4
	静岡	-2.4
24	宮崎	-2.5
25	岐阜	-2.7
26	茨城	-2.8
27	岡山	-2.9
28	奈良	-3.4
29	福島	-3.8
	群馬	-3.8
	鹿児島	-3.8
32	岩手	-4.1
	山口	-4.1
34	香川	-4.4
35	長崎	-4.6
36	愛媛	-4.8
37	長野	-4.9
38	新潟	-5.0
39	青森	-5.3
40	富山	-5.6
41	鳥取	-7.1
42	徳島	-7.3
43	山形	-7.4
44	高知	-7.8
45	島根	-9.1
46	山梨	-9.6
47	秋田	-11.5

（単位：%）
出典：総務省・労働力調査

改善を目指す県民運動で、07年度に始まりました。産業振興による雇用創出や若年者の就業のミスマッチを避けるため、県民意識を高めるためのテレビ番組の制作、スマートフォンやタブレットを活用した情報発信、小・中・高校での就業体験学習の推進なども行っています。

実際に、若干減少する年はあったものの、10年以降、沖縄県内の宿泊業、サービス業では雇用者数が増加しています。そして、さらに伸びているのが情報通信産業です。沖縄はこの業界を戦略産業として振興を重視していますが、07年に計160社だったソフトウェア産業や情報サービス産業、コールセンターなどの企業数が15年には387社。8年で2倍以上増えているのです。16年1月時点での合計の雇用者数は2万6627人。こちらも06年から2倍近く増加していました。

地元での生活望む富山県民は転職もしたくない

多くの高校生が県内就職を希望する富山。〝地元愛〟はディグラム・ケンミン調査の結果でもはっきりと出ていました。

「故郷でずっと生活したい（戻って生活したい）」という富山県民の割合は75・6％で、全国平均を10ポイント以上も上回っています。愛媛県民に次いで全国で二番目に出身地での生活を求める県民性なのです。

故郷のおいしいものに対する愛着心も強く、特に男性は50・1％が「肉より魚のほうが好き」と答えており、日本一の魚好きです。かつ丼と天丼を比較するなら女性は北陸一の天丼好きで、その割合は61・1％に上りました。さらに男女ともラーメンは細麺よりも太麺を支持しています。県民の49・3％が〝太麺派〟で、全国平均（34・0％）を大きく上回って日本一でした。

また、男性の48・2％が「仕事を重視する」、女性の60・4％が「今の仕事・学業にやりがいを感じている」と答えており、どちらの比率も全国平均を上回っています。「転職したくない」という県民は69・5％で全国平均より5ポイント以上高いです。

女性は6割以上が「仕事は人間性だ」「出世したくない」と答えていて仕事の成果よりも中身を重視する傾向がありますが、いずれにしても、今の職業を大切にする〝仕事人〟です。そういった点も、富山県民の大きな特質です。

仕事満足度高い石川県民は恋愛より人生目標を重視

富山と隣接し、高校生の就職率ランキングで2位の石川。富山ほどではありませんが、やはり郷土愛が強い県民性で、「故郷でずっと生活したい（戻って生活したい）」という石川県民の割合は70・2％と高くなっています。

仕事の満足度も、「今の仕事・学業にやりがいを感じている」という県民が59・6％いて、69・4％が「転職をしたくない」と答えるなど、富山と似てはいますが、石川の男性にはより仕事を重視し、自分の成果を優先させる特徴が出ていました。「プライベートより仕事を重視する」という男性は52・5％、「仕事は自分の成功が重要だ」は46・2％で、いずれも全国平均よりも10ポイント以上も高く、突出した比率なのです。

そんな石川県民の特質は真面目さです。男性はギャンブルが嫌いですし、恋人の浮気を見過ごせません。

女性は整理整頓好きで、節約家という傾向が出ています。「犯罪衝動に駆られることがある」という県民が極端に少なく、特に女性は「一切ない」と答えた人が49・6％と全国1位です。人の道を外れる可能性がとりわけ低い県民です。そして、「恋愛よりも人生の目標を優先する」という人は17・9％です。これは全国トップの数値でした。

また、他者への関心が薄いという気質も出ています。「人の話をよく聞くほうだ」という県民が48・1％、「思いやりの気持ちが強い」が39・9％で、全国平均よりもずっと低くなっていました。

「陽気にふるまうほうだ」「大笑いしたことがある」といった比率も特に男性で低く、感情の読み取りにくい傾向もあります。真面目でトゲトゲしい性格も見えなければ、感情も見えない石川県民。初対面ならば、自分自身からは声を掛けずに、相手の出方を待っているようなイメージがあります。

無駄を避ける福島県民は和を好む

高校生の就職率ランキングでは石川に続く3位で、東日本ではトップの福島。ディグラム・ケンミン調査では、自分にとって必要なものと必要でないものの線引きがはっきりとしている特徴が、福島県民にはありました。

人間関係においては、「得する相手と付き合いたい」という県民が35・0％いて、全国平均を大きく上回っています。一方で、「他人に頼まれると断れない」「人の世話をしたがる」という比率が特に男性では極端に低く、したたかな一面が垣間見えました。

「無駄使いはしない」という県民は40・0％を占めます。この項目の平均が34・7％というなかで、全国トップの比率。「ファストファッションが好き」という男性は88・3％と9割に迫るほか、81・8％が「家でご飯を食べるのが好き」と答えており、この数字も突出して高くなっています。

また、日本のものを好む傾向が強いのが福島県民です。「映画は邦画が好き」という県民は50・4％と全国平均を大きく上回り、「くつろげるのは和室だ」という比率にいたっては65・9％に上り、平均より10ポイント以上も上回っていました。

失業率低い島根。多くの女性が出産後も働き続ける

15歳以上の働く意欲のある人のうち、職がなくて求職活動をしている人が占める割合である「完全失業率」は、売り手市場のなかで低い状況が続いています。総務省によれば、2016年平均の完全失業率は3・1％と、15年に比べて0・3ポイント低下しました。低下は6年連続で、3・1％は1994年（2・9％）以来22年ぶりの低水準となっています。

ただ、それでも地域ごとの差はもちろんあります。都道府県ランキングが表20です。もっとも低いのは島根の1・7％。15年より0・9ポイントも下がっています。ほかに福井（1・9％）、三重（2・0％）、和歌山（2・0％）が2％以下となっており、これに佐賀（2・1％）が続いています。逆に、前年よりも0・7ポイント下がったものの沖縄は4・4％でもっとも高い数字です。大阪（4・0％）と青森（4・0％）も4％台で、上位とは倍以上の差があります。

表20 完全失業率（2016年）

順位	都道府県	失業率
1	島根	1.7
2	福井	1.9
3	三重	2.0
	和歌山	2.0
5	佐賀	2.1
6	富山	2.3
	石川	2.3
	宮崎	2.3
9	岩手	2.4
	山形	2.4
	岐阜	2.4
	愛知	2.4
	鳥取	2.4
	山口	2.4
15	群馬	2.5
	長野	2.5
	静岡	2.5
	滋賀	2.5
19	福島	2.6
	山梨	2.6
	香川	2.6
	愛媛	2.6
	大分	2.6
24	栃木	2.7
	岡山	2.7
	広島	2.7
	徳島	2.7
28	新潟	2.8
	長崎	2.8
	鹿児島	2.8
31	茨城	2.9
	千葉	2.9
33	埼玉	3.1
	神奈川	3.1
	京都	3.1
36	宮城	3.2
	秋田	3.2
	東京	3.2
	奈良	3.2
	熊本	3.2
41	高知	3.3
42	兵庫	3.4
43	福岡	3.5
44	北海道	3.6
45	青森	4.0
	大阪	4.0
47	沖縄	4.4

（単位：%）
出典：総務省・労働力調査

島根は失業率が元来低い県です。1997年以降、全国平均を上回ったことはもちろん、4%を超えたことが一度もありません。県によれば、もともと正規雇用の比率が非正規に比べて高かったり、若者の流出などにより労働の担い手となる15歳から64歳までの〝生産年齢人口〟の割合が低かったりすることが原因となっているようです。また、結婚、出産後も育児休暇を経た女性や、70歳以上の県民が働き続けるケースが多いことも失業率の低さにつながっています。

度量が大きな島根県民はストレスも大きい

ディグラム・ケンミン調査の結果からは、男女とも島根県民の仕事に対する真面目な姿勢が伝わってきます。

「仕事は人間性だ」と答えた県民は67・4%、「仕事はプロセスが重要だ」と答えた県民は41・8%といずれも全国平均を大きく上回っていました。「転職したくない」という人は69・3%に達し、この点の気質が完全失業率を低くとどめているのかもしれません。ただ、「出世したくない」という人が特に男性で59・0%を占めており、仕事の真面目さが必ずしも上昇志向につながっていないのも特徴としてあらわれていました。

島根県民には他人の性格にあまりこだわらないという特質も散見されます。「無責任な人と付き合いたくない」という割合は69・1％、「約束、ルール、締切は守る」が59・9％、「倫理観のないタイプの人間は嫌いだ」が48・8％と全国平均を大きく下回り、いずれも最下位でした。

他人を受け入れる度量の大きさともとれますが、そのぶんストレスも抱えています。「八つ当たりは『人』にあたる」という割合は34・4％で全国平均（25・2％）を大きく上回って1位なのです。

そして、そのストレスの解消法は男女で異なってくるようです。「ギャンブルが好き」「暴飲暴食である」という男性は47・1％、43・5％で全国1位。一方の女性は22・3％が「不倫は許す」、30・1％が「不倫をしたことがある」で、全国1位の比率でした。

男性の2人に1人はギャンブルにはまったことがあり、女性の3人に1人は不倫経験者というのが、ディグラム・ケンミン調査からわかる島根県民でした。

頑固さと涙もろさ兼ね備える佐賀県民。女性が上昇志向強く

全国で五番目、九州ではもっとも完全失業率が低い佐賀の県民性にも、仕事に関して他県とは異なる面が出ています。「出世したい」という割合が52・9％と全国平均よりずっと高くなっているのですが、特に女性が56・8％と全国（女性）で一番高くなっています。上昇志向は現状の仕事についての満足度のあらわれでもあります。「今の仕事・学業にやりがいを感じている」という女性は62・5％と抜きん出た数字でした。

そんな佐賀県民ですが、頑固で閉鎖的な一面もディグラム・ケンミン調査では浮き彫りになっています。「相手に共感するほうだ」「人の遅刻やミスを許せる」という人の割合が32・7％、26・8％と全国平均を大きく下回る一方、「根拠のないことは信じない。事実に基づいて判断する」は53・5％と突出した比率になっていました。頑固さは県民自身が自覚していて、「自分の性格は厳しい」という人は36・

8％と抜きん出た数字でした。そのうえ、自己評価が低いです。「人に嫌われているほうである」という県民が34・9％とこれまた高く、仕事について出世欲が強くて充実度が高い女性でも、53・9％もの人が「これからの自分の人生は暗いと思う」と答えています。

こういった資質が人とのコミュニケーションにも影響を与えているようです。陽気にふるまったり、大笑いしたりすることが少なく、思ったことも口にできない傾向が際立っていました。だからか、「人間関係は広く、浅く」という県民が46・8％と顕著に高く、「近所付き合いが苦手だ」も76・6％と抜きん出た高さになっています。

その一方で、「自分は温厚な性格だ」という人が62・1％と高く、「涙もろい」と答えた人は62・5％に上り、全国1位の比率です。頑なで人付き合いの苦手な佐賀県民ですが、仲良くなるまでに少しだけ時間がかかるだけなのかもしれません。

仕事熱心、でも出世はしたくない和歌山県民

完全失業率が三番目に低かった和歌山。仕事に対する考え方には、男女で明確な違いがあります。

男性は51・4％が「仕事はスキルだ」とする一方、女性の63・4％は「仕事は人間性だ」と回答。どちらも全国平均をずっと上回る数値です。また、「仕事は自分の成功が重要だ」という男性は46・7％を占める半面、女性の79・1％もが「仕事は仲間との調和が重要だ」ととらえており、この二つの数字は全国平均より10ポイント以上も高くなっていました。

男女ともに仕事熱心だということは確実に言えると思いますが、その姿勢にガツガツしたところがないようです。「出世したくない」という割合は男性57・2％、女性63・0％、ともに全国平均よりずっと低くなっているのです。

そんな和歌山県民には、物事の計画性という資質が欠如している恐れがあります。「計画を立ててから行動する」という県民が36・1％で、顕著に低くなっているのです。そのためか、例えば買い物では、衝動買いに走る傾向が強く、浪費家。ギャンブルも好きで、特に男性では全国平均を大きく上回る36・4％が「好き」と答えています。そして極め付きは、「人が話している途中で自分の意見を言う」という人の割合。県民の18・0％がそう答えていて、この比率は平均が12・2％というなかで全国トップでした。

こうした気質は何より和歌山県民が自覚しています。「自分の性格は子供」と答えた県民は64・4％に上っていました。

ニート率、岐阜と沖縄では倍以上の開き

〝ニート〟という言葉が知られるようになってずいぶんと経ちました。2000年代の中頃から就業意欲のない若者の多さが社会問題化しましたが、総務省が5年ごとに行う「就業構造基本調査」によれば、「15歳から34歳の無業者で、家事も通学もしていない者のうち求職活動をしていない者と就業を希望しない者」の数は12年の時点で61万7300人。07年より1万5400人減っています。ただ15歳から34歳の人口に占める割合は2・3％で、07年より0・2ポイント上昇しています。

その割合を低い順に並べた都道府県ランキングが表21です。雇用環境がダイレクトに

表21 ニート率(2012年)

順位	都道府県	ニート率
1	岐阜	1.4
2	富山	1.7
	愛知	1.7
	滋賀	1.7
5	福井	1.8
	三重	1.8
	島根	1.8
8	千葉	1.9
	東京	1.9
10	新潟	2.0
	京都	2.0
	岡山	2.0
	佐賀	2.0
14	宮崎	2.1
	鹿児島	2.1
16	山形	2.2
	群馬	2.2
	石川	2.2
	静岡	2.2
	大阪	2.2
	熊本	2.2
22	神奈川	2.3
23	埼玉	2.4
23	山口	2.4
	大分	2.4
26	北海道	2.5
	岩手	2.5
	福島	2.5
	茨城	2.5
	兵庫	2.5
	香川	2.5
32	宮城	2.6
	栃木	2.6
	長野	2.6
	高知	2.6
36	青森	2.8
	広島	2.8
	愛媛	2.8
39	奈良	2.9
	鳥取	2.9
41	山梨	3.0
	和歌山	3.0
	長崎	3.0
44	秋田	3.1
45	福岡	3.2
46	徳島	3.6
	沖縄	3.6

(単位:%)

出典:総務省・就業構造基本調査

反映されているようです。上位には、岐阜（1・4％）、富山（1・7％）、愛知（1・7％）、滋賀（1・7％）、福井（1・8％）、三重（1・8％）といった中部、北陸勢が並びます。

下位は沖縄（3・6％）、徳島（3・6％）、福岡（3・2％）、秋田（3・1％）など、完全失業率が高い県が多くなっています。岐阜と沖縄、徳島は2・5倍もの差があります。

トップの岐阜は02年（1・8％）、07年（1・5％）、12年（1・4％）と5年ごとの調査で着実に数字を減らしてきました。県は08年度より「若者サポートステーション」を整備し、ニートの状態にある若者やその保護者に対する相談、勉強会、就活合宿、就労体験といった活動を展開しています。

13年度には、ニート状態にある若者に限定せずに、広く相談から職業紹介までを行う生活就労支援施設「岐阜県総合人材チャレンジセンター」を立ち上げました。求人紹介のほか、書類の添削、面接の支援なども行っています。

日本一〝他人の目〟を気にする岐阜県民

ニートの割合が一番低い岐阜ですが、ディグラム・ケンミン調査からは〝仕事好き〟の県民性が垣間見えます。「今の仕事・学業にやりがいを感じている」という割合は59・7%で全国平均を大きく上回っています。上昇志向も強く、「出世したい」という人は52・6%で全国平均より5ポイント以上高いのです。

岐阜県民は自尊心が強く、周囲よりも優れている一面を本能的にアピールしますが、その自意識の方向性は男女で異なります。男性は学歴や地位にこだわる〝見せる〟タイプのプライドを、女性は常識や作法、マナーなど育ちの良さを誇りとする〝見せない〟タイプのプライドを持っているのです。もともと積極的な発言や親密な人間関係を好まない県民性による、強い自己表現のひとつと言えるでしょう。

女性は他人を寄せつけまいとする厳しい姿勢を見せ、男性はむしろ無関心を装うほど、ともに人間関係にはドライ。打ち解けるまでには相当の時間をかけなければならないほど閉鎖的なムードが漂っていますが、実際には他人の視線を気にします。「人からどう思われているか気になる」という人の割合は47・8%で全国1位でした。人との関わりを避けているわりに、一方では周囲からの高評価を期待してしまう精神的なサイクルは、ときに大きなストレスを生むのでしょう。特に女性は「ストレスを溜め込むほうである」という割合が63・9％で全国平均を大きく上回っていました。

第五章　お金

東京唯一の年収600万円超え。給与格差は緩和傾向

年収の格差を問題視する声はよく聞こえてきます。厚生労働省は従業員10人以上の民間事業所を抽出して雇用形態や賃金を調べる「賃金構造基本統計調査」を毎年実施していますが、16業界の約5万社から回答を得た2016年調査から各都道府県の平均年収を推計してみました。

所得税や社会保険料を控除する前の現金給与額（6月分）の12倍の額に、ボーナスなど年間の特別給与をプラスしました。

全国の平均年収は489万8600円。15年からわずか6300円（0・1％）増えました。都道府県ランキングが表22です。

トップはぶっちぎりで東京、605万9900円で唯一600万円を超えていました。2位の神奈川（544万2800円）に60万円以上の差をつけています。3位以下は愛知（536万2500円）、大阪（526万5300円）、茨城（502万7200円）、京都（494万1700円）、滋賀（491万8300円）が続きますが、全国平均を

表22　平均年収額（2016年）

順位	都道府県	年収額
1	東京	6059900
2	神奈川	5442800
3	愛知	5362500
4	大阪	5265300
5	茨城	5027200
6	京都	4941700
7	滋賀	4918300
8	三重	4883100
9	兵庫	4848000
10	栃木	4759800
11	千葉	4731800
12	静岡	4724700
13	埼玉	4699700
14	奈良	4675100
15	広島	4646000
16	山梨	4612900
17	群馬	4606200
18	岐阜	4561400
19	宮城	4554500
20	富山	4518400
21	長野	4492500
22	岡山	4481600
23	山口	4438400
24	福岡	4371400
25	石川	4353200
26	和歌山	4352000
27	香川	4338000
28	徳島	4325100
29	福井	4302800
30	北海道	4172100
31	愛媛	4147800
32	福島	4108800
33	新潟	4087900
34	大分	3983300
35	長崎	3973700
36	島根	3971200
37	高知	3963900
38	熊本	3947100
39	佐賀	3894800
40	鳥取	3849900
41	鹿児島	3844100
42	山形	3714800
43	秋田	3709100
44	宮崎	3678100
45	青森	3654800
46	岩手	3621100
47	沖縄	3498800

（単位：円）

出典：厚生労働省・賃金構造基本統計調査

上回るのはここまでです。

下位には沖縄（349万8800円）、岩手（362万1100円）、青森（365万4800円）、宮崎（367万8100円）、秋田（370万9100円）と九州、東北勢が並んでいます。

ただ、15年からトップの東京は17万5500円（3・0％）下がり、一方で鳥取は15万9900円（4・3％）、岐阜は18万5200円（4・2％）上がっています。都道府県で見ると年収格差が激しくなっているとは、必ずしも言えないのです。

物価と家賃が安い宮崎。群馬は大型店・直売所が物価を下げている

年収が低くても、そのぶん物価や家賃が低ければ、くらしの大変さはやわらぐはずです。総務省は各地の食品や衣料品、日用品の価格などを調べ、全国平均を100とした「消費者物価地域差指数」を算出するために「小売物価統計調査（構造編）」を毎年行っていますが、低い順に並べた2016年のランキングが表23です。

また、総務省は5年ごとに住宅と居住状況、有する土地の実態などを把握するために

表23　消費者物価地域差指数(2016年)

順位	都道府県	物価指数
1	群馬	95.9
2	宮崎	96.1
	鹿児島	96.1
4	奈良	96.6
5	岐阜	96.8
	佐賀	96.8
7	長野	96.9
8	福岡	97.0
9	大分	97.1
10	茨城	97.6
11	静岡	97.9
12	岡山	98.0
13	秋田	98.1
14	愛知	98.2
15	山梨	98.3
	沖縄	98.3
17	宮城	98.4
	栃木	98.4
19	岩手	98.5
	富山	98.5
	三重	98.5
	香川	98.5
23	愛媛	98.6
23	熊本	98.6
25	鳥取	98.7
26	青森	98.8
27	新潟	98.9
28	広島	99.1
	山口	99.1
30	北海道	99.2
	高知	99.2
32	福井	99.3
	徳島	99.3
34	滋賀	99.5
35	福島	99.8
36	島根	99.9
37	千葉	100.0
	大阪	100.0
	和歌山	100.0
40	長崎	100.2
41	石川	100.4
42	山形	100.7
43	京都	100.8
	兵庫	100.8
45	埼玉	101.5
46	神奈川	104.3
47	東京	104.4

出典：総務省・小売物価統計調査

「住宅・土地統計調査」を実施しています。そのなかで賃貸物件の「一畳あたり家賃」の平均を都道府県ごとに調べています。家賃の低さをあらわす13年のランキングが表24です。住居費が都道府県ごとにどれほど差があるのかの指標になるはずです。

やはり物価、家賃とも高いワースト3は東京、神奈川、埼玉の首都圏です。逆に安いベスト3は、物価なら群馬、宮崎、鹿児島、家賃なら青森、北海道、宮崎です。

東京は年収もそうでしたが家賃も突出して高くなっていて、最安の青森の2・7倍もあります。

宮崎は年収のランキングこそ44位に沈んでいますが、家やモノに比較的お金がかかりません。

群馬の物価の低さの要因としては、郊外型の家電量販店、大型スーパーが多数出店していて、価格競争が激しくなっていることや、新鮮な食品が安く買える直売所が多いことが指摘されています。

ただ、物価指数の平均である100を超えるのは8都府県しかありません。「一畳あたり家賃」の全国平均は3134円で、これを上回るのは6都府県のみです。年収も含

表24　一畳あたりの家賃(2013年)

順位	都道府県	家賃額
1	青森	1911
2	北海道	1985
3	宮崎	2035
4	秋田	2038
5	島根	2084
6	山口	2085
7	鹿児島	2095
8	高知	2108
9	大分	2152
10	長崎	2163
11	愛媛	2168
12	佐賀	2173
13	和歌山	2185
14	徳島	2201
15	岩手	2214
16	鳥取	2228
17	熊本	2233
18	沖縄	2238
19	香川	2277
20	長野	2294
21	福島	2307
22	群馬	2328
23	福井	2331
24	奈良	2337
25	岐阜	2364
26	山形	2384
27	富山	2393
28	三重	2416
29	山梨	2464
30	石川	2515
31	茨城	2530
32	岡山	2542
33	新潟	2569
34	福岡	2588
35	広島	2621
36	栃木	2624
37	滋賀	2771
38	静岡	2794
39	兵庫	2880
40	愛知	2907
41	宮城	2918
42	大阪	3193
43	京都	3331
44	千葉	3367
45	埼玉	3466
46	神奈川	4093
47	東京	5140

(単位：円)

出典：総務省・住宅・土地統計調査

め、一部の大都市が平均額をつり上げているのが現状です。

アウトドア派の群馬県民。男性は倹約、女性は浪費志向

物価がもっとも安い群馬ですが、県民の金銭感覚には男女で明確な差が出ていました。「自分が浪費家である」という男性は32・9%で全国平均よりずっと低くなっています。「まとめ買いタイプ」という男性も36・0%と低く、必要なものだけ慎重に購入する倹約家の姿が浮かんできます。一方で女性は「衝動買いタイプ」が42・2%と高く、支払いも「カード払いが多い」という人が54・4%に上ります。「計画を立ててから行動する」という比率が37・3%にとどまるなど、群馬の女性にはそもそも浪費家の素養が備わっているようです。

そんな群馬県民は〝外〟が好きな県民性です。「自分はインドア派である」という男性は58・6%で全国平均よりも10ポイント以上も低くなっています。女性が「流行に敏感である」と答えた割合は4割を超え、全国平均を大幅に上回り、また〝外〟を気にしてか、「思ったことが口に出せない」という設問に「いいえ」と回答

する群馬県民は2割を切り、低い水準になっています。

群馬県民は経歴や学歴、銘柄にこだわり保守的な考えを持ち、人付き合いでは、自分の考えを腹に収めて、好意的にふるまおうとする傾向もディグラム・ケンミン調査では出ていました。人もモノも、プライドの高さを示す記号のようなものととらえているのかもしれません。

わかりやすい看板を持とうとするのは、とかく閉鎖的な環境ではよくある自己表現の方法ですが、群馬の場合は独特です。価値観がつかみやすいだけに、付き合いやすい県民性とも言えます。

ただし、〝外〟を気にしつつも、故郷に対して深い愛情を持っています。「故郷が好き」という県民は90・7％に上り全国3位。「故郷でずっと生活したい」と思っている県民は72・2％を占め、全国平均を大きく上回っています。

金遣い荒い宮崎県民。女性は最強の母性愛を持つが……

物価と家賃がどちらも安い宮崎。県民には群馬と違って男女ともお金遣いの荒い傾向がはっきりと出ていました。「自分は浪費家である」という宮崎県民は44・5％、全国トップの数字です。「無駄使いはしない」という質問に「いいえ」と回答する人も28・3％いて、全国平均を5ポイント以上も上回っています。「ギャンブルが好き」は22・9％で、全国で二番目の高さでした。

温暖な気候の影響か、宮崎県民のオープンマインドな性格がディグラム・ケンミン調査では強くあらわれていました。「人間関係は広く、浅く」という県民は47・4％と高い数値が出ています。

「陽気にふるまうほうだ」という人が特に女性に多く、その割合は56・7％と突出していました。そして、「人の世話をするのが好きだ」という県民は33・1％。全国平均が27・0％というなかで、全国トップの数値です。

この傾向は特に女性に強く出ています。「困った人を見ると助けてしまう。助けられないと気になる」(62・2％)、「他人に頼まれると、断れない」(58・1％)、「他人の心配ごとにすぐ同情してしまう」(52・8％)という項目で、軒並み女性は抜きん出て高くなっているのです。溢れる母性愛を想像してしまいますが、関係者には少し注意しておきたいことがあります。

宮崎の女性は「人に叱られるのがかなり嫌いだ」という比率が73・7％と極めて高く、「腹が立つと、恋人の電話でも唐突に切ってしまう」という女性は62・8％にも上るのでした。〝世話好き〟の陰に隠れた〝キレやすさ〟に留意しておきたいものです。

節約志向の山形県民は日本文化を愛する

年収、物価のランキングがともに42位で下位にランクするのが山形です。県民は「ファストファッションが好き」という人が86・7％と高く、男性はポイントカードのポイントを貯め続け、女性は現金払いを好むなど、金銭感覚には節約志向が見て取れます。

そもそも山形県民は、「仕事はプロセスが重要だ」という割合が37・9％で全国平均を大きく上回るなど、目標に向かって脇目もふらずにコツコツと励む、勤勉で辛抱強い気質を持っています。

その一方で、かなり人見知りな資質も散見されます。「人をよく誉める」「人の話をよく聞くほうだ」「陽気にふるまうほうだ」といった割合が、特に男性で全国平均を大きく下回っていたのです。一見すると、ドライすぎる個人主義のようですが、それは仕事という義務をも人生の目標に変えてしまう〝強さ〟ともとれるでしょう。

また、〝ジャパンカルチャー〟を日本一愛するのが山形県民です。「音楽は邦楽が好き」という割合は73・8％と全国平均（64・1％）を大きく超えて断トツで、映画も洋画より邦画が好きです。

食の嗜好も〝和〟。「洋食よりも和食のほうが好き」という割合は68・2％で全国2位です。男女別に見ても男性68・9％、女性67・5％で、どちらもトップ10入りしており、そんな都道府県はほかにはありませんでした。

純貯蓄額、神奈川は沖縄の8倍超え

世界のなかでも日本人は〝貯蓄好き〟と見られていますが、総務省の家計調査によれば、2人以上の一世帯あたり貯蓄額の全国平均は2016年の時点で1820万円。15

年より15万円（0・8％）上昇し、4年連続で増えています。一方、16年の一世帯あたりの負債の全国平均は507万円で、15年から8万円（1・6％）の増加。「住宅・土地のための負債」が452万円で約9割を占めています。

貯蓄額から負債を差し引いた「純貯蓄額」の全国平均は1313万円。この純貯蓄額の都道府県ランキングが表25です。教育費と同様に県庁所在地のデータを各都道府県のそれとしています。

トップは神奈川で2485万円。2位の奈良（2118万円）に350万円以上の差をつけています。以下、兵庫（2013万円）、千葉（1913万円）、栃木（1821万円）と関東、関西勢が上位にランクイン。逆に低いのは沖縄（297万円）、青森（424万円）、大分（530万円）、宮崎（585万円）、北海道（639万円）など九州、東北勢が並んでいます。

神奈川は沖縄の8・4倍の純貯蓄額を誇ります。貯蓄額が2998万円で、都道府県で唯一3000万円に迫る一方、負債額は513万円とほぼ全国平均（507万円）です。厚生労働省の賃金構造基本統計調査で、神奈川を抑えて賃金水準1位の東京は、純

表25　純貯蓄額(2016年)

順位	都道府県	純貯蓄額
1	神奈川	24850000
2	奈良	21180000
3	兵庫	20130000
4	千葉	19130000
5	栃木	18210000
6	愛知	17120000
7	岡山	17050000
8	埼玉	16280000
9	京都	16220000
10	東京	15650000
11	広島	14940000
12	香川	14530000
13	高知	14040000
14	静岡	13700000
15	石川	13560000
16	滋賀	13130000
17	岐阜	12770000
18	和歌山	12720000
19	鳥取	12630000
20	大阪	12480000
21	山口	12050000
22	三重	11930000
23	新潟	11830000
23	島根	11830000
25	長野	11780000
26	愛媛	11770000
27	鹿児島	11270000
28	福井	11220000
29	徳島	11050000
30	佐賀	11030000
31	富山	10980000
32	山梨	10910000
33	茨城	10880000
34	岩手	10430000
35	宮城	10390000
36	山形	10350000
37	群馬	10320000
38	福岡	10160000
39	福島	8630000
40	長崎	7940000
41	熊本	7900000
42	秋田	7430000
43	北海道	6390000
44	宮崎	5850000
45	大分	5300000
46	青森	4240000
47	沖縄	2970000

(単位：円)
出典：総務省・家計調査

貯蓄額では1565万円で10位にとどまります。負債が681万円で、秋田（702万円）に次いで二番目に高く、それが順位にあらわれていました。

神奈川県民はライバル視する東京に実は引っ越したい

純貯蓄額が東京を上回ってトップを独走する神奈川の県民は、お金に対しては鷹《おう》揚《よう》な雰囲気を漂わせています。

「他人に貸したお金は少額でも気になる」という男性は51・9％。全国平均よりずっと低いのです。また男性の17・6％が「お金を借りるほうである」、女性の52・6％が「カード払いが多い」と回答しており、いずれも平均よりも高い比率となっていました。

そんな神奈川県民ですが、「ライバル県はどこですか？」という質問には、「東京」と答える人が29・3％で、全国では圧倒的に高い割合です。例えば埼玉県民は千葉を、千葉県民は埼玉と神奈川を〝ライバル〟として選ぶ傾向にありますが、関東で東京を第一にライバル視するのは神奈川県民だけ。ほかに全国でも、京都と大阪しか東京を挙げていません。

東京都民自身がライバルとするのは神奈川と大阪です。神奈川が名実ともに東京のライバルと言いきれるでしょう。

ただし、ライバル視しながらも、神奈川県民の76・5%が「東京が好き」とも答えています。全国平均（64・8%）を大きく上回り、全国3位の数字です。埼玉県民とともに〝東京好き〟だったのですが、同じ土俵に立ちながら好意を寄せている点に特徴があります。

また、「故郷でずっと生活したい」という神奈川県民は54・1%で全国平均を大きく下回り、逆に「故郷を飛び出して生活したい」という比率は全国で二番目の高さ。そもそもの神奈川県民の特質として「他人の地位や学歴が気になる」という肩書きを気にする傾向も出ています。

貯蓄額の高さや〝好き度〟も相まって、飛び出す先としては、首都という看板を持つ東京を念頭に置いている県民は決して少なくないはずです。

大分県民はついつい人助け。整理整頓が得意

純貯蓄額が三番目に低い大分ですが、ディグラム・ケンミン調査では「自分は節約家である」という県民が68・4％を占め、特に女性は74・7％に上り、極めて高い比率になっていました。

ただ、男女別に見ていくと、お金に対して山っ気があったり、頓着しなかったりする面もあります。「ギャンブルが好き」という男性は35・5％で全国平均を10ポイント以上も上回り、また女性の45・2％もが「お金を貸すほうである」と答えているのでした。

ついついお金を貸してしまう女性が象徴的なのですが、大分県民は相手の願いを受け入れる優しさを有しています。「自分の性格は優しい」という県民は76・4％、「自分は温厚な性格だ」は63・2％にも上るのです。「人の話をよく聞くほうだ」(62・2％)、「他人が成長していく姿を見るのが好きだ」(52・6％)、「相手に共感するほうだ」(51・0％)といった項目も抜きん出て高い割合になっています。

特に弱い者を守ろうとする保護的な特質の一方、大分県民は頭のなかで物事を論

理立てて考えるのが得意な傾向もまたあります。そのあらわれか、「整理整頓が得意だ」という県民は47・8％で、平均が41・8％というなかで全国トップでした。

仕事でもプライベートでも、今何を求められているか、何から手をつければいいのかを敏感に察知して動ける資質もあるのです。

貯めるより株や!? 投資志向強い関西勢

投資の志向性はどこの県民が高いのでしょうか。貯蓄額に占める有価証券額の比率から考えてみます。

総務省の家計調査によれば、2016年、2人以上の一世帯あたり有価証券額の全国平均は265万円。平均貯蓄額1820万円の14・6％を占めています。この比率は15年と同じでしたが、それ以前は3年連続で上昇していました。貯蓄額に占める有価証券額の比率の都道府県ランキングが表26。教育費、純貯蓄額と同じく、県庁所在地のデータを採用しました。

トップは兵庫で27・7％。以下、神奈川（25・0％）、京都（21・2％）、東京（21・

本書をお買い上げいただき、誠にありがとうございました。
質問にお答えいただけたら幸いです。

◎ご購入いただいた書名をご記入ください。

『　　　　　　　　　　　　　　　　　　　　』

★著者へのメッセージ、または本書のご感想をお書きください。

●本書をお求めになった動機は？

①著者が好きだから　②タイトルにひかれて　③テーマにひかれて
④カバーにひかれて　⑤帯のコピーにひかれて　⑥新聞で見て
⑦インターネットで知って　⑧売れてるから／話題だから
⑨役に立ちそうだから

生年月日	西暦　　　年　　月　　日（　　歳）男・女			
ご職業	①学生	②教員・研究職	③公務員	④農林漁業
	⑤専門・技術職	⑥自由業	⑦自営業	⑧会社役員
	⑨会社員	⑩専業主夫・主婦	⑪パート・アルバイト	
	⑫無職	⑬その他（　　　　）		

ご記入いただきました個人情報については、許可なく他の目的で使用することはありません。ご協力ありがとうございました。

郵便はがき

料金受取人払郵便

代々木局承認

1536

差出有効期間
平成30年11月
9日まで

1 5 1 8 7 9 0

203

東京都渋谷区千駄ヶ谷4-9-7

(株)幻冬舎

書籍編集部宛

1518790203

ご住所 〒

都・道
府・県

フリガナ
お名前

メール

インターネットでも回答を受け付けております
http://www.gentosha.co.jp/e/

裏面のご感想を広告等、書籍のPRに使わせていただく場合がございます。

幻冬舎より、著者に関する新しいお知らせ・小社および関連会社、広告主からのご案内を送付することがあります。不要の場合は右の欄にレ印をご記入ください。

不要 □

表26　貯蓄額に占める有価証券額の比率（2016年）

順位	都道府県	証券比率
1	兵庫	27.7
2	神奈川	25.0
3	京都	21.2
4	東京	21.0
5	栃木	18.4
6	和歌山	18.3
7	千葉	17.6
	三重	17.6
9	奈良	17.4
10	大阪	16.8
11	愛知	16.4
	岡山	16.4
13	島根	16.0
14	広島	15.9
15	滋賀	15.8
16	埼玉	15.4
17	福岡	15.3
18	高知	15.1
19	岐阜	14.1
20	香川	13.1
21	徳島	12.8
22	愛媛	12.7
	熊本	12.7
24	新潟	12.4
25	茨城	12.1
26	石川	11.9
27	北海道	11.6
28	大分	11.1
	宮崎	11.1
30	山梨	10.8
31	宮城	10.7
	秋田	10.7
33	福井	10.6
34	長野	10.5
35	鹿児島	10.4
36	山口	10.2
37	群馬	9.2
38	富山	9.0
39	佐賀	8.9
40	岩手	8.3
41	福島	7.2
42	山形	7.0
43	静岡	6.6
44	鳥取	6.3
45	青森	6.0
46	長崎	5.5
47	沖縄	4.3

（単位：%）
出典：総務省・家計調査

0％）、栃木（18・4％）と、純貯蓄額と同じく、関東、関西勢が続きます。
比率が低いほうも純貯蓄額と同様に九州、東北勢が目立ちます。下位には沖縄（4・3％）、長崎（5・5％）、青森（6・0％）が並んでいます。

純貯蓄額2位の奈良を除けば、関西勢は純貯蓄額よりも有価証券額の比率でランキングの上位に顔を出しています。関西人の気質として投資の志向性の高さがあるようです。

カード払い好む兵庫県民。男性は合理性を重視

投資志向が全国で一番高い兵庫。ディグラム・ケンミン調査では、「カード払いが多い」という割合が52・1％で、全国平均を大きく上回っていました。また男性の37・5％が「ギャンブルが好き」、女性の48・2％が「ポイントカードのポイントはすぐに使うほうだ」と答えており、高い数値になっています。アンファーとの共同調査でも、男性の39・6％が「ギャンブルや宝くじが好きだ」と答えています。
こうした特質が、投資志向につながっているのかもしれません。

中国地方が持つ保守的かつ風見鶏的な社交感覚と、関西特有の気さくなコミュニ

ケーション能力が合わさったような県民性も見えてきます。会話のなかで「へぇー」とか、「すごいねー」といった合いの手を多用する傾向があります。会話に心地よいテンポを作り、話す相手と気持ちを共有することをアピールします。人当たりが良く、横のつながりを作るのが得意ですが、情に流されない強さと、合理的な判断も実は内側に秘めています。

特に男性は「自分は感情的より理性的なほうだ」という割合が36・8％で、全国平均を10ポイント以上も上回り、「根拠のないことは信じない。事実に基づいて判断する」という割合も53・7％で、全国平均よりも5ポイント以上も高くなっているのです。

堅実な金銭感覚持つ、孤独を愛する栃木県男性

純貯蓄額と投資志向のランキングでどちらも5位に入る栃木。県民の金銭感覚に関しては、お隣りの群馬と同様に男性は堅実、女性は浪費志向という傾向がありります。アンファーとの共同調査では、「貯金が得意だ」という男性が60・4％もいま

した。

ディグラム・ケンミン調査では、男性の「ファストファッションが好き」という比率が87・2％、「ポイントカードのポイントは貯め続けるほうだ」が64・7％と高くなっています。

一方で、「衝動買いタイプ」という女性が42・2％と全国平均を大きく上回り、さらに「まとめ買いタイプ」の女性の割合も突出していて、56・1％を占めていました。

金銭感覚では男女差が出ていますが、栃木県民に総じて言えるのは、自分の考えや主張を表明するよりも、相手の意見や決まったルールを尊重する傾向があるということです。

例えば、「人の話を聞くほうだ」という人は60・5％、「人前では『自分らしさ』が表現されていないと思う」が35・2％で抜きん出て高くなっています。自身を「優柔不断だ」という人も64・8％と高く、こうした資質はストレスにもなっているようです。

県民の55・8%が「辛くても我慢することが多い」と答え、「ストレスを溜め込むほうである」というのは62・7%に上り、どちらも優に全国平均を超えています。よって、性格上、積極的には動けずに、どうしても内にこもりがちな傾向が出ています。お隣りの群馬はアウトドア派でしたが、栃木県民は76・5%が「インドア派」と答えています。そして、「友達は少ないほうだ」という県民は83・7%に達し、平均（74・8%）を大きく上回って、この項目で全国トップです。特に男性は人といるよりも「ひとりでいるほうが好き」と85・2%が答えています。

周囲に栃木県民がいらっしゃったら、自分からアプローチすることが大事です。

第六章　くらし

記念物数トップは奈良。特に景色良い「名勝」は京都に集中

国は文化財のなかで、歴史上重要な事件や施設などのあった場所を「史跡」、景色が特に良い土地を「名勝」、学術上価値の高い動物、植物、地質鉱物、それらの存在する地域を「天然記念物」として指定し、保護を図っています。2017年8月現在、全国の「史跡」は1757、「名勝」は361、「天然記念物」は978の合計3096。都道府県ランキングが表27です。

やはり古都が抜きん出ています。1位は、学術上の価値が特に高いとされる「特別史跡」のキトラ古墳や平城宮跡など「史跡」が117ある奈良で、計145に上ります。2位の京都は計137で、そのうち天橋立や金閣寺の鹿苑《ろくおん》寺庭園、銀閣寺の慈照寺庭園など、国宝と同格として承認された場所も含めて「名勝」が43を占めます。国が指定する全国の「名勝」のうち1割以上が京都にあるのです。以下、福岡（119）、山口（90）、北海道（87）、島根（87）が続いています。

逆に秋田（29）、徳島（30）、埼玉（30）、高知（31）などが少ないです。秋田は奈良

表27　史跡・名勝・天然記念物数（2017年8月1日現在）

順位	都道府県	記念物数
1	奈良	145
2	京都	137
3	福岡	119
4	山口	90
5	北海道	87
	島根	87
7	沖縄	86
8	静岡	81
9	滋賀	79
10	大阪	77
11	福島	76
12	東京	73
13	群馬	72
	兵庫	72
15	岩手	71
	岡山	71
17	神奈川	69
	長崎	69
19	宮城	65
	長野	65
	岐阜	65
	愛知	65
	宮崎	65
24	新潟	64
	三重	64
	熊本	64
27	鹿児島	63
28	大分	62
29	山梨	49
	和歌山	49
	鳥取	49
32	広島	47
33	石川	46
	福井	46
35	山形	45
	栃木	45
37	千葉	44
38	茨城	37
	佐賀	37
40	愛媛	36
41	香川	35
42	青森	34
	富山	34
44	高知	31
45	埼玉	30
	徳島	30
47	秋田	29

出典：文化庁ホームページ

のちょうど五分の一の数となっています。

郷土愛非常に強い京都府民。気遣い屋の裏に上昇志向も

京都府民は「京都府といえば？」という設問に、「山」「川」「歴史がある」「神社仏閣」などと答える人が多く、「非常に故郷が好き」という府民の割合が41・0％で全国平均よりずっと高くなっています。

特に女性は44・8％で全国平均を10ポイント以上上回っていました。記念物の多さもあってか、故郷愛が非常に強いのです。

そんな京都府民ですが、特質としては周囲に気遣いができるタイプが多いということです。「陽気にふるまうほうだ」という設問に49・9％が「はい」と答えており、周囲に気遣いができる活発なキャラクターゆえ人が集まりやすく、横のつながりを作るのも得意なようです。

しかし、そうしたなかでも人との距離感の線引きはしっかりとしており、例えば「他人に自分のものを使われると腹が立つ」という人は59・5％いて、突出して高

い比率になっており、他人への厳しさが窺えます。

また、仕事では仲間意識よりも自分の成功にこだわるのが京都府民の特徴です。「仕事は自分の成功が重要だ」との回答では全国2位。特に男性は44・4％がそう答えており、全国平均よりも10ポイント以上も高くなっていました。男性は自分の計画を素早く推し進めるため、女性は自分の実力をアピールするため、仲間のサポートを上手く活用します。そして、「出世したい」という府民は52・5％で5割を超えていました。これも全国平均を優に上回る高い数値です。

地元を出たい奈良県民。マイペースで他人に厳しい

奈良といえば何かという質問に、奈良県民は「鹿」「大仏」「古都」「古墳」を挙げる人が多いものの、京都府民のように郷土愛をあらわすような傾向は出てきてはいません。

それ以上に、地位や学歴にこだわる傾向が強く、ブランドや都会的な感覚に憧れを持つようでした。「東京および東京の人が嫌い」という県民が59・4％に上り、

平均よりも20ポイント以上も高くて、全国1位なのです。他方で、「故郷から飛び出して生活したい」という県民は42・5％で、抜きん出て高い数値です。故郷に誇りを持ってはいるものの、普段のくらしは別の場所で送りたいという葛藤が結果にはあらわれていました。

そんな奈良県民ですが、京都府民と同様に他人に厳しい一面も持ち合わせています。「他人に自分の物を使われると腹が立つ」という人は57・6％で、京都ほどではないですが、やはり高い数字になっています。

「倫理観のないタイプの人間は嫌いだ」は63・0％と全国平均を大きく上回っていて、特に男性では「相手の遅刻を許せない。自分でも遅刻しない」、また女性では「無責任な人と付き合いたくない」という比率が、平均よりも優に高くなっているのです。

他人に厳しい一方で、自分のペースで行動するのも奈良県民。「相手の期待に応えようとする」という県民は48・9％で目立って低いのです。男性では「人の言った言葉や態度がけっこう気になる」が49・6％で全国平均を大きく下回り、また女性では「愛情より、人生設計を優先する」が19・2％で高くなっていました。他人の意見に振り回されるようなことが少ないのでしょうが、それは同時に周囲に溶け込むことが苦手であることも意味しているのでしょう。

プライド高き山口県民は激アツの感動屋さん

石灰岩台地である特別天然記念物の秋吉台や人気桜スポットの萩城跡などがあり、記念物数が四番目に多い山口。歴史上の人物や歴代総理大臣を数多く輩出している県だということも影響しているのか、郷土愛が深くて、プライドが高い県民性が浮き彫りになっています。

「故郷でずっと生活したい。戻って生活したい」という県民は72・1％で、全国平均よりずっと高くなっていました。日本の〝顔〟である東京、また東京の人を嫌いだという人は40・4％と、これも平均を大きく上回っています。

こうしたプライドは土地に対してだけでなく、個々人のプライドの高さにもつながっていて、誰かにどうこう言われても自分の意見は必ず押し通していける強さがあります。

「他人に自分の物を勝手に使われると腹が立つ」という県民は58・0%、「相手の言い訳は聞きたくない」は34・6%で平均を優に超えています。「他人がどう思っているか気になる」に「いいえ」と回答する比率も23・0%と高いのです。

こうしたプライドを下支えしているのでしょう、倫理観が強く、勤勉な県民でもあります。

例えば「恋人の浮気には目をつぶれない」という人は62・5%、「倫理観のないタイプの人は嫌いだ」という比率は特に男性で高く62・9%に上ります。勤勉性は仕事に関する項目に溢れ出ています。特に「仕事は結果が重要だ」(72・8%)、「今の仕事・学業にやりがいを感じている」(61・9%)といった項目では顕著に高く、また「節度ある食事を心掛けている」という県民は70・1%を占めるなど、健康面でもその姿勢が伝わってきました。

プライドが高く倫理観も強いと、冷たいイメージも持ってしまいそうですが、山口県民はそんなこともありません。「感動するとすぐ涙ぐむ」という人は64・5%、

「涙もろい」も60・7％と抜きん出ていたのです。〝感動屋〟であることもまた、山口県民の特徴でした。

一方、記念物数が最下位の秋田、県民は地元の地域環境より、「食」に対する関心が強いです。「秋田県といえば？」という質問に、「きりたんぽ」「日本酒がおいしい」という回答が並んでいました。そしてやはり、米どころ秋田、朝夕問わず、いつでもご飯を食べる人が多いです。

そんなご飯党が挙げたご飯のおともは、人気が高い順に、「漬物（いぶりがっこ）」「納豆」「はたはた」。しょっぱいおかずが並びますがそれもそのはず、秋田が全国でもっとも「濃い味」が好きな県でした。特に男性は68・0％が「濃い味のほうが好き」と答えており、全国平均より10ポイント以上も高くなっています。

魅力度、北海道は8年連続ナンバー1。ワースト3は北関東勢

テレビなどのメディアで数多く紹介されていることもあり、「魅力度ランキング」をご存知の方は多いかもしれません。株式会社ブランド総合研究所（東京都港区）が２０

06年から毎年調査を実施して公表しているランキングです。20代から70代の男女約3万人を対象に、認知度や魅力、情報接触度、観光や居住の意欲、訪問経験など計77項目に関するアンケート結果を〝魅力度〟として点数化した16年の都道府県ランキングが表28です。

トップは54・2点の北海道で8年連続の1位となりました。以下、京都（46・3点）、東京（35・1点）、沖縄（32・7点）、神奈川（30・2点）が続いています。逆に47位は茨城の7・7点です。15年よりも1・8点上昇しているものの、最下位は4年連続。また46位、45位は栃木（7・8点）、群馬（8・5点）と、下位に北関東勢が並ぶ結果となっています。

北海道は8年連続で1位ですが、点数がもっとも高かった11年の70・7点から比べると、5年間で約15点下がっています。とはいえ、「観光意欲度」「食品想起度」といった項目でも1位を守っています。またブランド総合研究所は同時期に市町村の「魅力度ランキング」として25位までを公表していますが、1位の函館《はこだて》のほかに、札幌《さっぽろ》（4位）、小樽《おたる》（4位）、富良野（6位）、登別（23位）がランキングされており、個々の自治体が

表28 魅力度(2016年)

順位	都道府県	魅力度
1	北海道	54.2
2	京都	46.3
3	東京	35.1
4	沖縄	32.7
5	神奈川	30.2
6	奈良	28.7
7	大阪	24.1
8	長野	24.0
9	石川	23.3
10	福岡	21.4
11	長崎	20.0
12	静岡	17.6
13	愛知	17.2
14	宮城	16.8
15	大分	16.5
16	兵庫	16.3
17	青森	15.8
18	富山	15.4
19	秋田	14.9
20	千葉	14.4
21	熊本	14.2
	鹿児島	14.2
23	広島	14.0
24	宮崎	13.4
25	愛媛	13.1
26	三重	12.6
27	島根	12.4
28	和歌山	12.0
29	高知	11.9
30	山梨	11.7
31	岡山	11.4
32	山口	11.3
33	滋賀	10.9
34	香川	10.8
35	新潟	10.5
36	岩手	10.3
37	山形	10.0
38	佐賀	9.4
39	福島	9.2
	埼玉	9.2
41	福井	9.1
42	岐阜	9.0
	鳥取	9.0
44	徳島	8.6
45	群馬	8.5
46	栃木	7.8
47	茨城	7.7

出典：ブランド総合研究所・地域ブランド調査2016

北海道の〝魅力〟を下支えしているようです。

16年は、4月に熊本地震が発生しました。それに関連し、「情報接触度」の項目では、熊本が15年の27位から大きく急伸し、東京に次いで2位にランクイン。同じ項目では熊本に隣接する大分も44位から17位へと順位を急上昇させています。

また、15年3月に開業した北陸新幹線の影響も、ランキングには表出しています。石川は「魅力度」では9位と初めてトップ10入りしています。「観光意欲度」の項目でも上昇し、北海道、京都、沖縄、奈良、東京の〝常連〟に続いて、6位にランクインしました。

故郷愛薄い茨城県民。男女で大きく異なる他人への厳しさ

魅力度ランキングでは、残念ながら4年連続で最下位に沈んでいる茨城。そんな故郷に対して自虐的になってしまったり、好きになれなかったりする県民の特徴が、ディグラム・ケンミン調査の結果では出ています。

「言われたくない言葉」を聞くと、多くの茨城県民が「かっぺ」「田舎くさい」「つ

まらない」「過疎地」といった単語を挙げます。「故郷が好き」という割合は83・7％で全国平均を大きく下回っていました。「故郷でずっと生活したい」という県民は56・9％で全国平均より5ポイント以上低く、「故郷から飛び出して生活したい」のは43・1％で、逆に平均より5ポイント以上高いのです。地理的な近さからか、好きなのが東京。「東京、東京の人が好き」という割合は72・0％に上り、北関東ではトップ、全国でもトップ10に入っていました。

そんな茨城県民ですが、「時間にルーズなことは許せない」との回答では37・9％で全国1位。実は他人に厳しい気質の持ち主なのです。

ただ、そのベクトルは男女で異なるようです。男性のほうは〝場の空気を乱したり、規律から外れたりする人〟が許せません。「根拠のないことは信じない」「今まで遠慮して損をしてきた」といった男性の比率は5割前後、平均を大きく上回っています。

一方の女性は他人に厳しいは厳しいものの、自身のやりたいことを優先させるせっかちで、しかもミーハー。「自分は感情的より理性的なほうだ」という設問について、「いいえ」と答えた女性は34・4％で、平均を10ポイント以上も上回っています。「無駄使いはしない」に対して「いいえ」の女性は約3割。「故郷を飛び出して生活したい」という女性は断然男性よりも多くて、ほぼ5割を占めます。直情的に行動するのが茨城県の女性です。つまり、〝遅刻＝私を待たせる人〟が嫌いなのです。

茨城県民との待ち合わせは、第一印象を左右する第一関門だと肝に銘じておきたいものです。

犯罪発生率、大阪は北海道の10倍

警察庁が発表する警察白書によれば、殺人、強盗、放火、強姦《ごうかん》、暴行、傷害、窃盗、詐欺などの犯罪「刑法犯」の全国的な認知件数は、2002年の約285万件がピークでしたが、以降は減り続けて、15年は109万8969件となって戦後最少となっています。

多いのは73％を占める「窃盗犯」が80万7560件、暴行や傷害、脅迫などの「粗暴犯」が6万4049件、詐欺や背任、横領などの「知能犯」が4万3622件。02年から15年にかけて「窃盗犯」の認知件数は156万9928件減り、「刑法犯」の認知件数全体の減少数のうち89・5％を占めています。

15年の都道府県別の認知件数を各人口で割った数字を「犯罪発生率」としたランキングが表29です。やはり、大阪（1・50）や東京（1・10）など都市部の発生率が高く、〝魅力度〟トップが続いている北海道（0・16）や秋田（0・31）が低くなっています。大阪の発生率は北海道の約10倍。「窃盗犯」がやはり多くて79％に上り、この比率は全国平均（73％）を大きく上回っています。

自己評価低い北海道民はコミュニケーションが苦手

犯罪発生率がもっとも低く、魅力度でも他府県を寄せつけないのが北海道です。「北海道といえば？」という質問に対して道民は、「大自然」や「北の大地」を挙げています。一方で道民以外から「田舎くさい」「熊が出る」「ダサい」「住みたくない」とは言われたくないとも答えています。

表29　犯罪発生率（2015年）

順位	都道府県	発生率
1	北海道	0.16
2	秋田	0.31
3	長崎	0.36
4	岩手	0.38
5	青森	0.42
	大分	0.42
7	山形	0.45
8	鹿児島	0.47
9	島根	0.48
10	福井	0.49
11	長野	0.55
	山口	0.55
13	富山	0.57
14	熊本	0.58
15	鳥取	0.59
16	徳島	0.60
	宮崎	0.60
18	静岡	0.63
19	新潟	0.65
	佐賀	0.65
21	石川	0.66
	広島	0.66
	沖縄	0.66
24	福島	0.67
25	神奈川	0.68
26	栃木	0.74
	奈良	0.74
	香川	0.74
29	宮城	0.76
30	山梨	0.77
	岡山	0.77
32	和歌山	0.78
	高知	0.78
34	滋賀	0.80
35	群馬	0.82
	愛媛	0.82
37	三重	0.84
38	岐阜	0.89
39	京都	0.92
40	千葉	0.99
41	茨城	1.00
42	埼玉	1.01
43	愛知	1.02
44	兵庫	1.07
	福岡	1.07
46	東京	1.10
47	大阪	1.50

出典：警察庁・警察白書

都会の人のなかには、北海道の大自然に憧れる向きも少なくはないでしょうが、道民本人たちの北の大地に対する評価はいたって低いのです。それは個人の自己評価についても同じ傾向が出ています。例えば男性では76・9％が「流行には疎い」、女性では72・3％が「自分の見た目に自信がない」と回答し、突出した数値です。

そのためか、道民はコミュニケーションがあまり上手くはないようです。男性は「人の話をよく聞くほうだ」（48・9％）、「人をよく誉める」（24・2％）といった項目で全国平均よりもずっと低く、「人前で大笑いしたり、泣いたりできない」に「いいえ」という回答も24・6％で平均を大きく下回っています。女性には〝気にしがち〟な傾向もあります。「人の言った言葉や態度がけっこう気になる」（66・7％）、「相手が怒ってないか、気になる」（53・5％）といった項目で比率が高く出ていたのです。

そもそも他人との距離が遠く、自分から扉を叩きにいくことができず、自分のなかにこもりがちなのでしょうか。「友達が少ないほうだ」と答えた道民は80・2％に上り、抜きん出た数値です。

人と違うことに自信が持てなくて、人前に出ることや、自分をありのままに表現することも面倒くさいのかもしれません。やりたいことはあるのにブレーキがかかってしまい、ストレスも積もりがちです。

ぶ厚い気後れ感の壁で、こっちの声も向こうの声も通じにくい。そんなコミュニケーションになりがちなのが、北海道民でした。

〝おもしろい〟期待に応える大阪府民。男性が犯罪衝動抱く傾向も

統計上、もっとも犯罪の起こりやすい大阪。言われたくない言葉として「ガラが悪い」を挙げる府民は少なくありません。「犯罪衝動に駆られることは一切ない」という比率が男性で56・3％となっており、全国平均よりも5ポイント以上も低いのが気になります。ただ、逆に女性はこの回答が67・9％で、平均を5ポイント以上上回っています。

そんな大阪府民ですが、一般的に〝おもしろい人〟と思われていることをよく自覚していて、それに応えることでいっそう大阪府民らしさを作っている県民性です。

「陽気にふるまうほうだ」という府民は49・0％。平均が43・7％というなかで全国2位の数値です。陽気さとともに、相手の期待に応えたいという優しさも兼ね備えています。

男性では「自分の性格は優しい」との回答が76・9％に上り、女性は「他人に頼まれると、断れない」が56・9％、「困った人を見ると助けてしまう。助けられないと気になる」が52・5％といずれも全国平均を優に上回っていました。

東京に対する強烈なライバル意識も特徴的です。42・9％もの府民が大阪府のライバルを「東京都」と答えています。それでいて、「東京、東京の人が嫌い」という府民は56・8％を占めて、抜きん出た比率になっていました。

また特に男性は上昇志向が強いです。「出世したい」という人が52・7％と高く、「故郷から飛び出して生活したい」との回答で上位にランキングしています。ギャンブル好き、投資を好むという傾向も男性に出ていましたが、成り行きまかせであってもとりあえず上京したうえで、東京生活で違和感を覚えて「自分は大阪人である」というアイデンティティを再認識しているようです。

交通事故死者数、愛知が14年連続最多

警察庁によれば、2016年の全国の交通事故死者数は15年から213人減って3904人となり、1949年以来67年ぶりに4000人を下回りました。歩行者や自転車運転中の事故死の減少などが要因と見られています。政府は20年までに年間2500人以下を目指しています。

当然、交通事故の危険度は、その土地の人口や走っている車の台数、速度などによって決まってくるものなのでしょう。純粋な交通事故死者数を少ない順に並べたランキングが表30、人口10万人あたりの交通事故死者数が表31で、その順位は大きく異なります。

事故死者数の下位には愛知（212人）、千葉（185人）、大阪（161人）などの都市部がやはり並び、鳥取（17人）、山形・島根（28人）、山梨・佐賀（35人）などとは大きな開きがあります。

一方、人口10万人あたりの交通事故死者数のほうは、上位に人口が多い都府県が並んでいます。6人を超えるのが、福井・徳島（6・48人）、香川（6・25人）の3県でした。

表30 交通事故死者数(2016年)

順位	都道府県	死者数
1	鳥取	17
2	山形	28
	島根	28
4	山梨	35
	佐賀	35
6	沖縄	39
7	和歌山	40
8	長崎	41
9	高知	42
	大分	42
11	宮崎	45
12	奈良	47
13	石川	48
14	徳島	49
15	福井	51
16	青森	53
	滋賀	53
18	秋田	54
19	富山	60
	京都	60
21	香川	61
22	群馬	62
23	山口	64
24	鹿児島	65
25	熊本	67
26	宮城	71
27	岩手	73
28	栃木	76
29	愛媛	77
30	岡山	79
31	広島	86
32	福島	90
	岐阜	90
34	三重	100
35	新潟	107
36	長野	121
37	静岡	137
38	神奈川	140
39	福岡	143
40	茨城	150
41	埼玉	151
42	兵庫	152
43	北海道	158
44	東京	159
45	大阪	161
46	千葉	185
47	愛知	212

(単位:人)

出典:警察庁・平成28年中の交通事故死者数について

表31 人口10万人あたりの交通事故死者数（2016年）

順位	都道府県	死者数
1	東京	1.18
2	神奈川	1.53
3	大阪	1.82
4	埼玉	2.08
5	京都	2.30
6	山形	2.49
7	沖縄	2.72
8	兵庫	2.75
9	福岡	2.80
10	愛知	2.83
11	北海道	2.94
12	鳥取	2.96
13	千葉	2.97
14	長崎	2.98
15	広島	3.02
16	宮城	3.04
17	群馬	3.14
18	奈良	3.44
19	大分	3.60
20	静岡	3.70
21	滋賀	3.75
	熊本	3.75
23	栃木	3.85
24	鹿児島	3.94
25	島根	4.03
26	青森	4.05
27	宮崎	4.08
28	岡山	4.11
29	和歌山	4.15
30	石川	4.16
31	山梨	4.19
32	佐賀	4.20
33	岐阜	4.43
34	山口	4.56
35	新潟	4.64
36	福島	4.70
37	茨城	5.14
38	秋田	5.28
39	三重	5.51
40	愛媛	5.56
41	富山	5.63
42	岩手	5.70
43	長野	5.77
	高知	5.77
45	香川	6.25
46	福井	6.48
	徳島	6.48

（単位：人）

出典：警察庁・平成28年中の交通事故死者数について

交通事故死者数で、愛知は14年連続最多というありがたくない記録を更新中です。愛知県民は運転が荒い、マナーが悪いとよく言われ、特有の行儀の悪い運転、「名古屋走り」も有名。実際の県民性はどうなのでしょうか。

私生活重視の愛知県民には自堕落な一面もある

「愛知県といえば？」という質問に、多くの愛知県民が「トヨタ」という具体的な企業名を挙げていることがまず珍しいです。県外の人から、「運転マナーが悪い」と言われたくないようで、荒さは本人たちも強く意識している模様です。

良くも悪くも県民にとって自動車は大きな存在になっています。「倫理観のないタイプの人間は嫌いだ」という県民が51・0%で、全国平均を大きく下回っていることも特徴的でした。

そんな愛知県民ですが、「仕事よりプライベートを大切にする」という割合が66・9%、岐阜に次いで全国で二番目に私生活を重視しています。見栄っ張りで負けず嫌いの傾向もあり、例えば恋人とのデートの待ち合わせで自動車を運転したときなどには、自然とアクセルを踏む足にも力が入ってしまうのかもしれません。

お金遣いも少々荒いです。特に女性にその傾向が出ています。「カード払いが多い」という女性が54・5%、「買い物はまとめ買いタイプだ」が55・2%と全国平均を大きく上回っているのです。自分がいくら持っているかも忘れてクレジットカードを使いまくり、のちのちヒヤリとすることも多いようです。男性は趣味にお金をかけすぎる気質で、「ギャンブルが好き」は37・7%、平均より10ポイント以上も高くなっています。

愛知県民は外食傾向も強く、特に女性の37・6%が「外食するほうが好き」で高い数値になっています。県民全体の44・7%が「料理が嫌いだ」と答えるなど、掃除や洗濯も含めて家庭的なことがすべて苦手という結果が出ています。

プライベート重視ですが、自堕落な生活に走りやすいという側面もあると言えるでしょう。

バランサーの千葉県民は日本で一番故郷を出たい

交通事故死者数が愛知に続いて二番目に多い千葉。ディグラム・ケンミン調査では、「自動車が必要である」と答えた割合が65・7%と低く、愛知のように、くらしのなかで自動車が存在感を発揮しているということはありませんでした。気になる点は、男性で「約束、ルール、締め切りは守る」が62・1%と全国平均をずっと下回り、一方で、「犯罪衝動に駆られることがある」が20・0%と平均より顕著に高かったことぐらいです。

大人しいというのが千葉県民の特徴です。男性では「ついつい言いすぎて後悔することがある」が39・2%、「陽気にふるまうほうだ」が36・0%と全国平均をずっと下回っていたり、「重要でない約束でも簡単には破れない」「人の遅刻やミスを許せる」という女性が62・0%、41・3%と平均より高くなっていたりするなど、アクも癖も見られません。

際立っているのは「人をよく誉める」ということ。特に女性ではその比率が36・7%で抜きん出ています。自分の主張をあまり出さずに、相手を肯定することで人間関係のバランスを保つ千葉県民の姿が浮かんできます。

また千葉県民は埼玉、神奈川より若干比率が低くなっていますが、やはり〝東京好き〟です。その割合は75・2％に上り全国4位。逆に「故郷でずっと生活したい」という県民は51・7％で平均より10ポイント以上下回り、そして、「故郷から飛び出して生活したい」という比率は48・3％で全国1位でした。

仕事面も含めて他人を蹴落としてのし上がるほどの野心はないものの、虎視眈々《こしたんたん》と東京進出を目論んでいるのが千葉県民でした。

香川県民は狭量で感情的だが、話すといい人

人口10万人あたりの交通事故死者数が、全国で三番目に多かった香川。うどんで有名ですが、以前から、交通事故が多い県としても指摘されていました。

それもあってか、ディグラム・ケンミン調査では、言われたくない言葉として「交通事故が多い」を挙げる人が目立っていました。そもそもの交通事情からか、「自動車が必要である」という県民が87・9％いて、これは全国平均より15ポイント以上高い比率でした。

そうしたなか、香川が全国でトップの項目があります。「自分の物を他人が勝手に使うのは許せない」という割合で、これが59・6％に上り、1位でした。加えて、「問題が起きても、冷静に対応できる自信がある」という県民は21・8％で平均よりもずっと低く、「計画を立ててから、行動する」に「いいえ」と回答する男性が17・5％いて、平均より高くなっています。こうした狭量さや、感情的な一面が、交通事故の多さの原因となっているのかもしれません。

ほかにも、ちょっと無愛想だったり、サービス精神が旺盛ではなかったりするデータがディグラム・ケンミン調査の結果には散見されますが、ただ感情表現が少し上手くないだけ、ということも浮かんできています。

「世話になった人には必ず恩返しする」という県民は62・9％、「下の者や子供には、短所に目をつぶり、長所を伸ばすべきだ」は56・8％、「相手に共感するほうだ」は48・9％。いずれも全国平均より5ポイント以上高い数字です。

ドアは常に開いていて、声をかければ迎えてくれる。そして、話してみたらとてもいい人。それが香川県民です。

おわりに

これまで紹介した都道府県ランキングとそれぞれの県民性、いかがでしたでしょうか。

最後に、各ランキングの1位の都道府県に47ポイント、2位に46ポイント……46位に2ポイント、47位に1ポイントと、シンプルにポイントを付与して合算し「暮らしやすさ総合ポイント」としました。そのランキングが表32です。

トップ3は、なんと福井、石川、富山と北陸勢がきれいに並びました。いずれも、教育や仕事についてのランキングで上位だった県です。

ワースト3は高知、埼玉、大阪。健康や結婚に関するランキングで下位に沈んだのが原因でしょう。

異なる分野のランキングを合算すること自体が無意味だという意見があることは重々承知しています。そもそも未婚率や離婚率、あるいは教育費などについて低い都道府県

表32 暮らしやすさ総合ポイント

順位	都道府県	ポイント数
1	福井	1026
2	石川	1009
3	富山	946
4	大分	935
5	熊本	877
6	島根	870
7	宮崎	859
8	奈良	857
9	岡山	852
10	長野	841
11	京都	836
12	岐阜	835
13	愛知	829
14	山口	827
15	三重	824
16	佐賀	818
17	滋賀	799
18	広島	795
19	鳥取	784
20	香川	774
21	山形	773
22	静岡	763
23	群馬	759
24	鹿児島	742
25	秋田	739
26	愛媛	737
27	山梨	719
28	和歌山	708
29	兵庫	702
30	神奈川	699
	新潟	699
	長崎	699
33	福岡	696
34	東京	694
35	徳島	692
36	北海道	671
37	沖縄	659
38	宮城	655
39	岩手	654
40	栃木	644
41	千葉	640
42	茨城	628
43	福島	610
44	青森	591
45	大阪	556
46	埼玉	532
47	高知	508

（単位：ポイント）

を上位とすることには議論の余地があるでしょう。ただそれでも総合ポイントのトップの福井と最下位の高知には、倍以上の〝差〟がついたこともまた事実です。

私が代表を務める「ディグラム・ラボ」では、常に日本人の性格や県民性を分析・研究しています。

県民性の理解が深まると、コミュニケーションの幅が広がるというのが、実感としてあります。

本書は「既存データ」に県民性の「アンケートデータ」を絡めた新しい試みです。ぜひともご活用ください。

ところで、お気付きの方もいらっしゃるかもしれませんが、県民性にまったくふれていない都道府県が、実はひとつだけあります。岡山です。

本書では各ランキングの上位や下位に入った都道府県の県民性を分析することを基本としていました。岡山はどのランキングでもトップ3にも、ワースト3にも入ってはいませんが、総合ランキングでは9位と、トップ10入り。中国地方ではトップです。

おわりに、この岡山の県民性を紹介したいと思います。お伝えしたいのは、どの都道府県の県民性にも特徴があり、そして魅力があるということです。

倹約家の岡山県民だが、お金より人間関係を大切にする

降水量が少なくて日照時間が長いことから「晴れの国」と呼ばれる岡山。地震が比較的少ない県としても知られています。

ディグラム・ケンミン調査では男女ともに節約志向が強く出ていました。「自分が節約家である」という割合は67・5％と全国のなかでも抜きん出ています。

特に女性は70・6％と、より財布の紐が固く、ユニクロやGAPなどの「ファストファッションが好き」という割合は85・1％にも上ります。その気質が影響してか、「お酒はあまり飲まない」という県民は69・1％で、やはり全国平均を大きく上回っていました。

ただし、お金以上に大切にしているものもありそうです。人間関係です。「お金を貸すほうである」という県民は42・9％で、全国平均を優に超えているのでした。貸したお金を気にしているふうでもありません。「他人に貸したお金は少額でも気

になる」は52・6％で全国平均よりずっと低い数字なのです。

特に女性は「他人の心配事にすぐに同情してしまう」という比率が5割を占めるなど、一見、情にもろい気質かと思いがちですが、一方では、数字や事実を重視するなど理性的な側面のほうが強く出ています。

だとすれば、お金を貸してしまうのは〝打算〟だと訝《いぶか》る向きもありそうです。しかし、やはりそうではなさそうです。

あくまで人間関係を重視する姿勢があり、それは例えば県民の62・5％が「仕事は人間性だ」と答え、「仕事は仲間との調和が重要だ」という女性が82・5％に達するなど〝仕事観〟にあらわれています。「辛くても我慢することが多い」という県民が全国平均よりずっと多い55・6％を占めるという忍耐力も大いに役立っているのでしょうか。

お金は確かに大事だが、それ以上に大切なことがある――。それをよく知っているのが、岡山県民かもしれません。

著者略歴

木原誠太郎《きはらせいたろう》

一九七九年生まれ、京都府出身。電通やミクシィでマーケティングを担当し、さまざまな企業のマーケティングコンサルティングにたずさわる。

二〇一三年、ディグラム・ラボ株式会社を設立。「心理学×統計学」で人間の本音を分析し、カウンセリングするプログラム「ディグラム」の研究を進めながら、同時に事業展開。「オイコノミア」(NHK)、「性格ミエル研究所」(フジテレビ系)、

「スッキリ!!」(日本テレビ系)などテレビ出演多数。

幻冬舎新書 474

47都道府県格差

二〇一七年十一月三十日 第一刷発行

著者 木原誠太郎

発行人 見城 徹

編集人 志儀保博

発行所 株式会社 幻冬舎

〒一五一-〇〇五一 東京都渋谷区千駄ヶ谷四-九-七

電話 〇三-五四一一-六二一一(編集)

〇三-五四一一-六二二二(営業)

振替 〇〇一二〇-八-七六七六四三

ブックデザイン 鈴木成一デザイン室

印刷・製本所 株式会社 光邦

Printed in Japan ISBN978-4-344-98475-2 C0295

き-4-1

幻冬舎ホームページアドレス http://www.gentosha.co.jp/

*この本に関するご意見・ご感想をメールでお寄せいただく場合は、comment@gentosha.co.jp まで。